T0293877

William Van Gordon
Edo Shonin
Javier García Campayo

El guerrero atento
Mindfulness para la vida cotidiana

Traducción del inglés de Fernando Mora

editorial Kairós

Título original: THE MINDFUL WARRIOR by Edo Shonin & William Van Gordon

© 2018 by Edo Shonin, William Van Gordon & Javier García Campayo
All rights reserved

© 2018 by Editorial Kairós, S.A.
Numancia 117-121, 08029 Barcelona, España
www.editorialkairos.com

© de la traducción del inglés al castellano: Fernando Mora

Fotocomposición: Moelmo, S.C.P. Girona, 53. 08009 Barcelona
Revisión: Amelia Padilla
Diseño cubierta: Katrien Van Steen
Impresión y encuadernación: Romanyà-Valls. Verdaguer, 1. 08786 Capellades

Primera edición: Junio 2018
ISBN: 978-84-9988-633-6
Depósito legal: B-6.028-2018

Este libro ha sido impreso con papel certificado FSC, proviene de fuentes
respetuosas con la sociedad y el medio ambiente y cuenta con los
requisitos necesarios para ser considerado un «libro amigo de los bosques».

Y cuando el Bienaventurado supo que la mente del cabeza de familia Upāli se hallaba dispuesta, receptiva y libre de obstáculos, exultante y jubilosa, le expuso la enseñanza dirigida a los buddhas: el sufrimiento, su origen, su cesación y el sendero. Y así como una tela limpia y sin manchas se tiñe fácilmente de color, en esa misma sesión, la visión del Dhamma sin polvo y sin mácula surgió en el cabeza de familia Upāli de esta manera: «Todo lo que surge, está destinado a la cesación». Así pues, el cabeza de familia Upāli visualizó el Dhamma, alcanzó el Dhamma, entendió el Dhamma y sondeó el Dhamma. Fue más allá de toda duda, dejó atrás la perplejidad, obtuvo la intrepidez y llegó a ser independiente de los demás en esta dispensación del Maestro. Entonces, dijo al Bienaventurado: «Ahora, venerable señor, debemos irnos. Estamos ocupados y tenemos mucho que hacer».

Upāli Sutta[1]

A mis ancestros espirituales.
Puedan seguir fluyendo vuestras bendiciones
W.V.G.

Al indestructible camino del guerrero atento,
el cual se muestra por sí solo
a todos los buscadores sinceros
E.S.

A mis maestros espirituales.
A mi esposa e hijos
J.G.C.

Sumario

Introducción   11

1. Permitir que la mente respire   19
2. La distracción y la alucinación invertida   35
3. El código del guerrero atento   51
4. Llevar con nosotros el cojín de meditación   69
5. Una cuestión espiritual   89
6. La mente adhesiva   107
7. El corazón compasivo   123
8. Soltar   157
9. Mindfulness del nacimiento, mindfulness
   de la muerte   177
10. La vacuidad del yo   199
11. El linaje del guerrero atento   225
12. ¿Sabes quién soy?   237

Notas   247
Bibliografía   251
Acerca de los autores   263
Agradecimientos   267

Introducción

¿Somos plenamente conscientes de que respiramos? ¿Somos conscientes de que estamos vivos? ¿Estamos del todo presentes en cada momento de nuestra vida? ¿O bien nos vemos arrastrados de continuo de una situación a otra, exhaustos e incapaces de sentarnos en silencio con nosotros mismos?

Experimentamos cada momento de nuestra vida por primera y última vez. Las situaciones nunca se repiten. Quizá no nos parezca así, pero la verdad es que cada instante de nuestra existencia es completamente nuevo y original. Podemos creer que somos la misma persona que el año pasado, o incluso pensar que las cosas no han cambiado desde ayer, pero, sin duda, sí que lo han hecho. Todo se halla sometido a un estado de constante cambio. Las cosas se transforman a cada momento. Cada respiración que tomamos y todo lo que vemos, escuchamos, olemos, saboreamos y tocamos son únicos al cien por cien. Absolutamente nada permanece estático.

Por desgracia, aunque la mayoría de las personas entiendan que todas las cosas son transitorias, tienden a quedarse bloqueadas en ciertas maneras de ver la realidad y en ciertas formas de ser. De hecho, la gente cae con facilidad en la trampa de creer que su situación es inalterable e inaccesible, como una placa de hielo gigantesca, sólida y totalmente rígida. Así pues, en lugar de despertar a la danza de la transitoriedad –el estado natural y efímero de todo–, desarrollamos una visión limitada de nosotros mismos y empezamos a dar las cosas por seguras. Tendemos a olvidar que tan solo estamos en esta tierra durante un periodo limitado y nos volvemos ciegos a las maravillas de la vida que a cada momento ocurren a nuestro alrededor.

De hecho, si somos realmente sinceros con nosotros mismos, es probable que tengamos que admitir que la mayoría de las personas, en especial en la actual y acelerada sociedad de consumo, se han convertido en expertas en hacer de su vida una telenovela. Ahora bien, el problema de vivir una telenovela es que la mente se cierra en sí misma y nos obsesionamos con los asuntos ajenos y los propios. Vivir una telenovela significa que, en lugar de llevar nosotros las riendas, somos controlados casi por completo por nuestros pensamientos y emociones, así como por los pensamientos y emociones de los demás. Nos perdemos en las situaciones, y eso nos impide tomar distancia y contemplar el panorama general. Si permanecemos atrapados en nuestra propia telenovela, a medida que pase el tiempo nos perderemos cada vez más y nuestra vida se volverá menos significativa. Al principio, habrá una pequeña voz en nuestro interior que nos dirá que nos olvidamos de lo más importante y que estamos matando de hambre y aprisionando a esa parte de nosotros que quiere ser verdaderamente libre. Sin embargo, cuanto más tiempo pasemos inmersos en nuestra telenovela, esa voz se irá apagando poco a poco. A la postre, dejaremos de escucharla y empezaremos a sentirnos perdidos y exhaustos, como un caballo que ha sido capturado en estado salvaje y explotado hasta el límite.

Cuando uno vive en una telenovela, la mente no se siente realmente satisfecha, sino que siempre busca un alivio temporal y trata de encontrar soluciones rápidas que pongan fin a su sufrimiento. Ejemplos de tales estrategias de «solución rápida» podrían ser zambullirse en la última tendencia de salud, las compras compulsivas, establecer y romper relaciones, embarcarse en algún tipo de viaje espiritual, o caer en el alcohol o las drogas. Sin embargo, más que servir de solución permanente a nuestra insatisfacción, estos comportamientos tienden, por lo general, a mantenernos eternamente distraídos para evitar tener que enfrentarnos al origen de nuestros problemas.

Lo cierto es que, si realmente queremos dejar de vivir en una telenovela, si de verdad queremos recuperar el control de nuestra vida y encontrar la paz y la felicidad duraderas, entonces, debemos empezar con nuestra situación actual. Tenemos que aceptarnos exactamente tal como somos y evitar la trampa de engañarnos a nosotros mismos diciendo que existe una solución rápida a nuestros problemas. Debemos aceptar que un cambio duradero exige tiempo, alegre perseverancia y un valor similar al de un guerrero. Tan pronto como abrazamos estos principios y aceptamos nuestro dilema tal como es, nuestra situación se vuelve de inmediato más llevadera. Dejamos de engañarnos y, a la postre, somos completamente sinceros con nosotros mismos. En ese momento podemos lanzar un breve suspiro de alivio.

Cuando vivimos en una telenovela, tendemos a olvidar quiénes somos realmente y qué es lo importante en la vida. Por tanto, si hemos de aceptar nuestra situación actual y trabajar con ella, lo primero que debemos hacer es empezar a darnos cuenta de quiénes somos exactamente. Las personas tienen dificultades para admitir que no se conocen a sí mismas, y por ese motivo asumir la responsabilidad de nuestra propia felicidad requiere valor. Sin embargo, si soltamos nuestro ego y somos sinceros con nosotros mismos acerca de esta cuestión, esa capa de hielo sólido a la que nos hemos referido antes comienza a derretirse y ya no sentimos que nuestra situación sea tan gélida o inabordable.

Así pues, ¿de qué modo nos damos cuenta de quiénes somos? ¿Cómo empezamos a conocernos? La respuesta a estas preguntas es muy simple: tenemos que observarnos a nosotros mismos. Esto es básicamente lo que se entiende por «mindfulness» [atención plena]. La esencia de la atención consiste simplemente en observar y estar presentes con nosotros mismos. Por lo general, las personas no somos conscientes de nuestros pensamientos, palabras o acciones. Nuestro cuerpo puede pasear por el parque junto a un ser querido, pero nuestra mente se halla en otro lugar, distraída con pensamientos acerca del futuro o preocupada por el pasado. Muy raramente uno se encuentra con una persona cuyo cuerpo y mente están totalmente sincronizados, una persona que sea plenamente consciente de cada respiración y consciente de cada paso que da.

Sin embargo, tras décadas de practicar y enseñar mindfulness como monjes budistas, y debido a nuestra investigación como científicos y psicólogos, también hemos sido testigos muchas veces de que hay individuos que tienen el coraje de vivir de manera consciente y de florecer como seres humanos. No importa en qué punto nos encontremos en este momento, porque cada situación, sin excepción, nos brinda la posibilidad de transformar el sufrimiento y de crecer como seres humanos.

Las enseñanzas budistas tradicionales utilizan la analogía de la flor de loto para explicar este principio. Incluso en las aguas más oscuras y turbias, la semilla de loto es capaz de germinar y de crecer en el lodo, abriéndose paso lentamente hacia el agua más clara y limpia que hay por encima de ella. Cuando el brote alcanza una cierta etapa de desarrollo, se detiene justo antes de romper la superficie del agua. Ahí espera pacientemente hasta que se reúnan todas las condiciones adecuadas antes de romper la superficie y florecer mostrando la más bella y esplendorosa de las flores.

Las cosas hermosas pueden nacer en los lugares más extraños y oscuros. Al modificar nuestra perspectiva, incluso levemente, lo que creemos que es un periodo muy difícil de nuestra vida puede transformarse en una oportunidad para fomentar la felicidad y aprovechar nuestra reserva interior de fuerza, calma y comprensión. La persona puede atravesar una etapa muy angustiosa en su vida, o bien hallarse ya en el sendero para cultivar el bienestar psicológico y espiritual, pero, sea como fuere, practicar la consciencia atenta es un método de eficacia probada para transformar el sufrimiento en libertad y felicidad.

Lo más importante que hay que tener en cuenta es que la práctica del mindfulness no persigue alcanzar una meta u obtener un estado especial de realización o iluminación. De hecho, la realidad es lo contrario. El mindfulness tiene que ver con aprender a entender que todo lo que necesitamos ya está presente aquí y ahora. Debido a que tenemos la tendencia a quedarnos atrapados en nuestros pensamientos y a vernos atraídos hacia fantasías acerca del futuro, o a rememorar el pasado, nunca damos a la mente la oportunidad de tranquilizarse, de encontrar su rumbo y de alegrarse por el simple hecho de que vivimos y respiramos. Sin embargo, si nos asentamos en el momento presente, no importa dónde nos encontremos porque nunca podremos perdernos.

En la actualidad, existe un gran interés en el mindfulness por parte del público en general, así como de los científicos y profesionales de la salud. De hecho, se han escrito un gran número de libros y artículos académicos que ofrecen diversas interpretaciones de cómo practicar con eficacia el mindfulness, o de cómo utilizarlo para afrontar el estrés y las tensiones de la vida actual. Sin embargo, estos textos a menudo nos presentan el mindfulness de una manera alejada del contexto espiritual tradicional de su práctica, o bien ofrecen una perspectiva excesivamente técnica con la cual es difícil relacionarse. Para ser sinceros, se escriben muchas cosas carentes de sentido acerca del mindfulness, y son muchos los que tratan de ganar dinero, o de labrarse una carrera profesional, considerándose maestros budistas o instructores de mindfulness. En consecuencia, en la elaboración de este libro, hemos tratado de ofrecer una perspectiva fresca y auténtica, que vaya más allá del sensacionalismo que rodea al mindfulness y combine cuidadosamente las enseñanzas budistas tradicionales con las nuevas comprensiones acerca del uso y el estudio científico del mindfulness en distintos entornos de investigación y aplicación.

Tratamos de conseguirlo presentando el modo de vida del guerrero atento. El guerrero atento es una persona que, cuando la sociedad moderna parece querer atraernos a vivir en telenovelas cada vez más superficiales, tiene el valor de ser independiente y de abrazar su naturaleza más íntima de paz, sabiduría y compasión. Por supuesto, no ofrecemos soluciones rápidas para superar el sufrimiento y los problemas de la vida, ni tampoco intentamos convencer a nadie de que asuma los principios esbozados en este libro. Esa es una decisión que cada cual debe tomar por su cuenta. Sin embargo, lo que sí ofrecemos es un sendero estructurado y una filosofía que, cuando se practica como forma de vida, puede ayudarnos a encontrar la tranquilidad y el bienestar incondicional. Nos hemos propuesto, a lo largo del libro, retratar la esencia no solo de la vida consciente, sino también de la práctica budista y espiritual en general. Así pues, animamos a los lectores a releer el texto de vez en cuando para extraer nuevos significados a medida que se encuentren en diferentes etapas de su viaje. Dentro de nuestras posibilidades, hemos tratado de escribir todas y cada una de las palabras de este libro con mindfulness y comprensión. Por consiguiente, si el lector decide seguir leyendo y recorrer el camino del guerrero atento, nuestra esperanza es que sienta que no estamos muy lejos de él y que le acompañamos amablemente a lo largo del camino.

William Van Gordon, Edo Shonin
y Javier García Campayo
Junio, 2017

1. Permitir que la mente respire

La mente de la inmensa mayoría de la gente está muy ocupada. Esto no es lo mismo que afirmar que siempre estamos muy atareados, porque suele ocurrir que, aun cuando hagamos muy pocas cosas, la mente sigue trabajando muy duro. Incluso cuando nos sentamos a descansar o nos acostamos a dormir, la mente sigue generando pensamientos, sentimientos y parloteo mental. De hecho, dondequiera que nos encontremos, la mente se halla por lo general absorta en algún tipo de actividad, como leer, escribir, conversar o entretenerse de alguna otra manera. Y, en las ocasiones en las que no tenemos nada en particular que hacer, existen varias tácticas que utilizamos para mantener a raya el aburrimiento. Por ejemplo, si nos encontramos en un atasco de tráfico en la autopista o viajando solos en un avión o en un tren, solemos estar ocupados recordando el pasado, planificando el futuro o desarrollando algún otro tipo de drama mental. Con independencia de que llevemos a cabo una actividad que implique a otro objeto o persona, o de que estemos jugando con una fantasía en nuestra mente, siempre existe otra capa de pensamiento de fondo, que no tiene nada que ver con la tarea, persona o situación particular que tenemos ante nosotros.

En efecto, permitimos que nuestra mente haga siempre lo que quiere. Reparamos muy poco en el tipo de mente que cultivamos y en si nuestra «conducta mental» es, a largo plazo, beneficiosa o perjudicial para nuestro bienestar o el bienestar de los demás. Hay una máxima que dice: «Nos convertimos en aquello en que pensamos». Sin embargo, las enseñanzas budistas tradicionales y ciertos enfoques psicoterapéuticos cognitivo-conductuales nos indican que es el *modo* en que pensamos el que determina en qué nos convertimos. Dicho con otras palabras, nuestro bienestar psicológico depende menos del contenido específico de nuestros pensamientos, o parloteo mental, que de si somos conscientes de lo que pensamos o de si permitimos que la mente se distraiga fácilmente.

Según la Mental Health Foundation del Reino Unido, el 25% de los adultos experimenta algún problema de salud mental en el transcurso de un año. Diferentes psicólogos –incluidos nosotros mismos– atribuyen estas alarmantes cifras a que las personas desarrollan procesos cognitivos y conductuales inadaptados. Eso significa, básicamente, que incurrimos en malos hábitos de pensamiento y permitimos que esos pensamientos y creencias influyan en nuestro comportamiento. De hecho, si bien la gente a menudo dedica grandes esfuerzos a preparar el cuerpo para tornarlo más atractivo, muy pocos ejercen el mismo esfuerzo cuando se trata de embellecer la mente.

Así es como, al ser entrevistada durante uno de nuestros proyectos de investigación, la gerente de una oficina describió los efectos derivados de descuidar la mente:

Aquí, en Occidente, la gente cree que si has pasado por el sistema educativo, entonces, tu desarrollo mental es completo y que eso te prepara para el resto de tu vida. Pero hay mucho que queda sin hacer. Nadie invierte el tiempo necesario para enseñarte a cuidar verdaderamente de la mente, a evitar que nos estresemos y nos agotemos, o a evitar que la mente se ahogue o se agote sola. Es como si prefiriésemos que, en lugar de seres humanos decentes y completos, la gente fuese inteligente. Pero ser inteligente no impide que te vuelvas infeliz, o que te conviertas en un cerdo en el trato con los demás.[2]

Permitir que la mente respire

Dada la tendencia de la mente a actuar como un pollo sin cabeza y saltar de un drama mental a otro, ¿cómo empezamos a ralentizar la mente y a volvernos menos erráticos en nuestros procesos de pensamiento? Una manera probada de hacerlo es introduciendo y haciendo uso de lo que se denomina un «ancla meditativa». Probablemente el ancla meditativa más popular, utilizada, tanto en las enseñanzas budistas tradicionales como en las intervenciones clínicas modernas del mindfulness, sea la «consciencia de la respiración». Seguir la respiración y ser consciente de ella ayuda a frenar y «anclar» la mente para que nos resulte más difícil distraernos o dejarnos arrastrar por los pensamientos y sentimientos.

Como explicaremos con mayor detalle en el siguiente capítulo, la práctica del mindfulness se centra fundamentalmente en cobrar consciencia del momento presente. La mente indisciplinada y los patrones de pensamiento defectuosos tienden a impedir que establezcamos nuestra consciencia en el aquí y ahora. La razón por la que queremos tratar de ser conscientes del momento actual es porque, de hecho, este es el único lugar en el que podemos experimentar plenamente la vida. El futuro en sí mismo nunca se materializa y, por tanto, fantasear al respecto no supone un uso productivo de nuestro tiempo. El futuro nunca se materializa porque siempre existe el presente. Nunca podemos estar en el futuro y no podemos predecir con una precisión absoluta cómo se desarrollará. Asimismo, el pasado es historia y ha dejado de existir; es solo un recuerdo y, por tanto, aferrarse a él resulta igualmente infructuoso.

Utilizar la consciencia de la respiración como ancla meditativa es un medio de «conectar» la mente con el momento presente. Pero, si no nos entrenamos en la práctica del mindfulness, intentar ser plenamente conscientes del momento presente sin el uso de un ancla de concentración es muy difícil. Sin embargo, al asentar con amabilidad nuestra consciencia en la respiración, proporcionamos a la mente un punto de referencia. La respiración se convierte entonces en un lugar al que la mente puede regresar cada vez que se distrae o se pierde en sus pensamientos. Tal vez creamos que cobrar consciencia de la respiración es algo obvio y fácil de llevar a cabo, pero debemos ser muy honestos y preguntarnos: ¿cuántas veces a lo largo del día soy verdaderamente consciente del hecho de que estoy respirando? ¿Con qué frecuencia nos detenemos a pensar que estamos vivos e inspirando y espirando? Debido a que la respiración ocurre de manera automática, la mayoría de las personas tienden a pasarla por alto.

Seguir la respiración es una forma práctica de desarrollar la consciencia atenta y de anclarnos en el momento presente. De hecho, inspirar y espirar es algo que siempre estamos (esperemos) haciendo y, en consecuencia, el mero hecho de depositar nuestra atención en la respiración no debería incomodarnos o requerir un gran compromiso en cuanto al tiempo que le dediquemos. Sin embargo, además de la mayor o menor comodidad, hay varias razones importantes para utilizar la respiración como ancla meditativa. La más importante es que las investigaciones muestran que la consciencia de la respiración ayuda a enlentecer el ritmo cardiaco y a calmar y relajar el cuerpo. El cuerpo y la mente se hallan estrechamente vinculados y, por consiguiente, si queremos ralentizar y calmar la mente, de tal manera que pueda ser observada e investigada, es de gran ayuda que hagamos lo mismo con el cuerpo.

Existen otras razones para utilizar la respiración a la hora de estabilizar y calmar la mente, las cuales se relacionan principalmente con algunos de los aspectos más sutiles de la meditación. Por ejemplo, la respiración es lo que conecta el cuerpo con el mundo que nos rodea. Cada vez que inspiramos, respiramos una parte de nuestro mundo y, cada vez que espiramos, una parte de nosotros se vierte en el mundo circundante y se une con él. De hecho, con cada inspiración, estamos respirando aire y, como hay vapor de agua en el aire, también respiramos los océanos, lagos y ríos. De modo parecido, cuando espiramos, partes de nuestro aliento se ven transportadas por el aire y son gradualmente absorbidas por el mundo y sus habitantes. En consecuencia, si decidimos practicar el mindfulness sentándonos tranquilamente en una silla y siguiendo simplemente nuestra respiración, con cada inspiración y con cada espiración, podemos perfectamente dirigir con amabilidad nuestra meditación utilizando frases como «al inspirar, sigo mi respiración», «al espirar, sigo mi respiración»; «al inspirar, inspiro el mundo», «al espirar, espiro el mundo»; «al inspirar, me siento nutrido por la tierra»; «al espirar, me siento arraigado en la tierra».

La consciencia de la respiración ayuda a sincronizar los vientos internos del cuerpo y de la mente con los vientos del mundo exterior. Abordaremos los principios y la ciencia de la interconexión más adelante en este libro, pero un punto clave que hay que recordar es que utilizar la respiración para estabilizar y sincronizar la mente no quiere decir en modo alguno que debamos forzar o modificar nuestra respiración. En otras palabras, debemos permitir que siga su curso natural y se calme y profundice por sí misma. Forzar la respiración va en contra del principio general de la meditación, que consiste en que la tranquilidad y la sabiduría se hallan naturalmente presentes en la mente y surgen de manera espontánea cuando se reúnen las condiciones correctas. Una de estas «condiciones correctas» es simplemente observar y nutrir el cuerpo y la mente practicando la consciencia atenta.

Una metáfora que puede ayudar a explicar esta noción es la de un estanque. Cada vez que interferimos o revolvemos el estanque, el agua se agita y enturbia. Sin embargo, si nos sentamos tranquilamente en una orilla a observar el estanque, el agua se aquieta y aclara de nuevo. Por consiguiente, no tenemos que interferir con la mente para que se aclare y se tranquilice. Todo lo que tenemos que hacer es sentarnos en silencio y observarla.

Nos gustaría compartir con los lectores algo que ocurrió cuando dirigíamos un retiro de meditación, hace unos años, en las Snowdonia Mountains, en el norte de Gales. Tras haber explicado a los participantes del retiro cómo respirar correctamente y la importancia de no forzar la respiración, comenzamos a dirigir una sesión de meditación sedente. Una de las personas sentadas en la sala de meditación era una señora de mediana edad, que estaba muy estresada y que necesitaba desesperadamente descansar y relajarse. Mientras estábamos meditando, se puso de manifiesto que uno de los participantes masculinos del grupo era un «respirador». Los «respiradores» son personas que, durante la meditación, respiran de manera profunda y ruidosa para que todos los demás puedan oírlos y sepan que son «serios» en su práctica. Más o menos a mitad de la sesión, la mujer ya no pudo soportarlo más, rompió su silencio y, con voz frustrada, gritó de repente: «¡Deja de respirar!». Es obvio que la reacción de la señora fue un poco exagerada, y todo el mundo se rió de ello más tarde. Sin embargo, plantea el punto de que, cuando estamos con otras personas, siempre debemos considerar si nuestra práctica promueve –o altera– la armonía del ambiente que nos rodea, lo cual también incluye la forma en que respiramos.

Respiración generosa

Otra consideración importante acerca de cómo utilizar la respiración durante la práctica del mindfulness tiene que ver con el tipo y la cantidad de atención que dedicamos a observar la respiración. Por ejemplo, existen ciertos tipos de práctica meditativa en los que la persona debe centrarse exclusivamente en la respiración o en otro objeto. En general, tales formas de meditación implican estrechar la atención, bloqueando u obviando cualquier otra experiencia psicológica o sensorial. Sin embargo, una desventaja potencial de este tipo de meditación es que es de aplicación limitada en el mundo real y fomenta la dependencia de un ambiente externo de tranquilidad con el fin de cultivar un ambiente interno sosegado.

Pero, si estamos dispuestos a recorrer el camino del guerrero atento y afrontar con confianza y ecuanimidad todo lo que la vida nos depare, entonces, necesitamos una técnica meditativa que promueva la aceptación incondicional y no dependa del entorno externo en el que nos hallemos. En consecuencia, cuando apoyamos nuestra atención en el flujo natural de la inspiración y la espiración, debemos hacerlo aplicando una forma de atención generosa y amplia (no restringida). Dicho de otro modo, la consciencia de la respiración requiere que prestemos atención a todas y cada una de las partes de la inspiración y la espiración, aunque de una manera que nos permita abrirnos completamente y ser conscientes de todo lo demás. Por eso nos referimos a la respiración como un ancla, cuyo propósito es proporcionar estabilidad para que permanezcamos lo suficientemente arraigados como para abrazar y experimentar el momento presente en toda su belleza y esplendor.

Podría parecer como si durante la práctica del mindfulness se utilizasen dos formas distintas de atención: un tipo de atención más concreta, centrada en la respiración, y otro tipo de atención más expansiva que abarca y es consciente del resto de las experiencias. Desde un punto de vista conceptual, eso puede ser cierto. Sin embargo, de hecho, no resulta demasiado útil que nos detengamos a tratar de analizar las diferentes habilidades atencionales o cognitivas utilizadas durante la práctica del mindfulness. En lo que realmente necesitamos concentrar nuestros esfuerzos durante esta etapa es en empezar a integrar el mindfulness en todos los aspectos de nuestra vida y en desarrollar una comprensión del mindfulness basada en la experiencia y la práctica, más que en la teoría o la intelectualización.

Asumiendo que la frecuencia respiratoria promedio de un adulto sano es aproximadamente de 15 respiraciones por minuto, esto significa que inspiramos y espiramos 21.600 veces al día. Cada inspiración y espiración nos brinda, pues, la oportunidad de cultivar la consciencia atenta y de nutrir nuestro ser interior. De hecho, podemos concebir cada inspiración y cada espiración como una fase completamente nueva de nuestra vida. Inspiramos y somos plenamente conscientes de las diferentes partes de la inspiración, desde el momento en que penetra en el cuerpo, por la punta de las fosas nasales, hasta el momento en que deja paso a la espiración. Somos perfectamente conscientes de la parte inicial, de la parte intermedia y de la parte final de la inspiración. Somos conscientes de su textura, peso, sabor y temperatura. Percibimos el aire cuando entra en los pulmones, haciendo que se expandan. Con cada inspiración, sentimos la oleada de energía que fluye a través de nuestras venas y nutre cada célula del cuerpo.

Luego viene la espiración. Experimentamos cada parte de la espiración mientras fluye fuera del cuerpo y se disuelve en el aire que nos rodea. Curiosamente, sin embargo, antes de que espiremos, hay un breve periodo en el que la respiración se halla en una tierra de nadie. En este periodo de transición entre inspiración y espiración (o entre espiración e inspiración) existe un espacio vacío que reconocemos y en el que podemos relajarnos. Cuanto más practicamos la consciencia de la respiración, más capaces somos de reconocer este espacio vacío y de utilizarlo como un medio para cultivar la sabiduría.

Discutiremos esta idea con mayor detalle más adelante, pero, en esta etapa, el punto principal que hay que entender es que, dependiendo de nuestro nivel de consciencia, es posible experimentar la vida respiración a respiración. De hecho, cuanto más practicamos la consciencia de la respiración, más sintonizamos con todo lo que sucede en un solo ciclo respiratorio. Parece entonces como si el tiempo comenzase a expandirse y el momento presente durase cada vez más. Cada inspiración y cada espiración se transforman en una parte significativa y agradable de nuestra vida. Esta es una manera generosa de vivir y de respirar, que nos permite vernos alimentados continuamente por la consciencia espiritual y meditativa.

La respiración del guerrero atento

Al ser conscientes de nuestra respiración, nos preparamos para adentrarnos en el momento presente sin miedo a perdernos o vernos arrastrados a la ignorancia y la confusión. Al tiempo que efectuamos cada una de nuestras tareas cotidianas, reposamos con amabilidad en la consciencia de la respiración. Si caminamos en el exterior o en el interior de nuestro hogar, lo hacemos mientras atendemos tranquilamente a la respiración. Y lo mismo se aplica a trabajar en el ordenador, jugar con nuestros hijos, ducharnos, hacer el amor o hablar por teléfono con un amigo: tenemos que realizar todas estas actividades mientras tratamos de ser conscientes de cada respiración.

Al principio, la práctica de observar la respiración requiere un esfuerzo deliberado y es fácil distraerse. No debemos preocuparnos ni culpabilizarnos cuando eso suceda. Si dejamos de ser conscientes, todo lo que tenemos que hacer es reconocer que nuestra atención se ha desviado y luego devolver amablemente la consciencia al ciclo respiratorio. De hecho, cada vez que nos damos cuenta de que hemos perdido la concentración y caído en la distracción, debemos felicitarnos en silencio por haber reconocido de nuevo que la mente se ha perdido. Cobrar consciencia de la tendencia de la mente a distraerse es uno de los primeros signos de que estamos progresando y de que nuestra práctica avanza en la dirección correcta.

Aunque la práctica de la atención a la respiración requiera un esfuerzo deliberado y suponga todo un cambio en la forma en que normalmente vivimos nuestra jornada, insistir en la práctica hace que ser consciente de la respiración se convierta en algo natural y que, con el tiempo, la práctica se produzca de manera casi automática. Tras haber experimentado los beneficios de la atención a la respiración, empezamos a percibir hasta qué punto, antes de adoptar la práctica de vivir de manera consciente, estábamos expuestos al estrés, la confusión y el agotamiento. Cuando prestamos atención a nuestra respiración de la manera correcta, el cuerpo entero se vuelve ligero y se llena de energía, como si fuésemos transportados por un viento tranquilizador que nos sostiene con delicadeza y nos acompaña dondequiera que vayamos. Esto concuerda con las investigaciones científicas que prueban que la respiración consciente facilita la relajación y propicia el enlentecimiento de la frecuencia cardiaca, la frecuencia respiratoria, la tasa de transpiración y otras funciones corporales controladas por el sistema nervioso autónomo.

Prestar atención a la respiración nos permite relajarnos en el momento presente. Con independencia de lo que experimentemos, no solo lo observamos, saboreamos y disfrutamos, sino que también lo dejamos ir. Inspiramos percibiendo y experimentando nuestro entorno externo, y espiramos percibiendo y experimentando nuestro entorno psicológico interno. Los sonidos van y vienen, las visiones van y vienen, los olores van y vienen, las sensaciones van y vienen, y los pensamientos y sentimientos van y vienen. Ocurra lo que ocurra, acompañamos a la respiración, permitiendo que el momento presente se despliegue a nuestro alrededor. Pero no solo observamos el momento, sino que también participamos en él. Mientras respiramos de manera consciente, el presente se convierte en nuestro hogar y, en consecuencia, nunca podremos perdernos.

Al anclarnos en el aquí y ahora mediante la respiración, estamos disponiendo los cimientos meditativos imprescindibles para recorrer el camino del guerrero atento, que es capaz de aceptar y de relacionarse con cualquier cosa que le aporte el momento presente. La razón es que su respiración se ha convertido en su lugar permanente de residencia. Dado que siempre es consciente de su respiración, siempre está en su hogar. Nada puede sacudirlo o hacer que entre en pánico. El guerrero atento es incondicionalmente valeroso y confiado en todo lo que hace. Inspira y se dice a sí mismo: «Inspirando, soy completamente consciente de mi respiración». Y, cuando espira, dice: «Espirando, estoy vivo, soy perfectamente libre y no tengo miedo». El guerrero atento entiende que se halla profundamente conectado con la tierra que lo rodea. Sabe que, al inspirar, es el universo el que inspira, y que, al espirar, es el universo el que espira.

Una meditación guiada de atención a la respiración

Para concluir este capítulo sobre la consciencia de la respiración, hemos preparado la siguiente meditación guiada de atención a la respiración. Puedes dedicar el tiempo que desees a la práctica de esta meditación. Sin embargo, tanto si decides practicar durante cinco minutos como media hora, lo más importante es tratar de que la práctica sea regular. Nuestra recomendación es que intentes practicar esta meditación dos o tres veces al día: una vez por la mañana nada más despertar, otra vez en mitad del día, y una vez más por la noche. Trata de encontrar un lugar tranquilo para practicar y, por favor, haz todo lo posible para llevar tu práctica contigo cuando hayas terminado de meditar.

1. *Inspirando, soy plenamente consciente de que inspiro; espirando, soy plenamente consciente de que espiro.*

2. *Inspirando, soy consciente de si mi respiración es profunda o superficial, corta o larga; espirando, permito que mi respiración siga su curso natural.*

3. *Inspirando, disfruto de la inspiración; espirando, disfruto de la espiración y me sonrío amablemente a mí mismo.*

4. *Inspirando, soy plenamente consciente de cada momento individual de mi respiración; espirando, saboreo y experimento la textura de la respiración.*

5. *Inspirando, soy consciente de si mi respiración es caliente o fría; espirando, soy consciente de que mis pulmones se expanden y contraen.*

6. *Inspirando, aspiro el viento y los océanos; espirando, me siento arraigado en la tierra.*

7. *Inspirando, es el universo el que inspira cuando tomo aire; espirando, es el universo el que espira cuando expulso el aire.*

8. *Inspirando, soy consciente del espacio y el tiempo que hay entre inspiración y espiración, y entre espiración e inspiración; espirando, me relajo en ese espacio y ese tiempo.*

9. *Inspirando, no hay ningún otro lugar en el que necesite estar; espirando, ya estoy en casa.*

10. *Inspirando, disfruto de estar vivo; espirando, disfruto de simplemente ser.*

2. La distracción y la alucinación invertida

Desde el punto de vista de su significado literal, la palabra «mindfulness» podría interpretarse como el cultivo de una mente «plena». Sin embargo, cuando practicamos el mindfulness, nuestro objetivo no debe ser llenarnos de actividades mentales, conceptos e ideas inteligentes. Son muchas las personas a las que su mente atiborrada suele abocar al estrés y el agotamiento. Si nuestra mente está muy llena, entonces, no queda espacio para que crezcan y florezcan los pensamientos sanos. En una mente saturada no hay espacio para simplemente ser, como tampoco hay un vacío que pueda nutrirnos y renovarnos.

En ocasiones, cuando nos encontramos con un nuevo grupo de estudiantes universitarios, a menudo les preguntamos qué es lo que entienden por el término «mindfulness». Y una de las respuestas más comunes es la idea de que debemos estar hiperalertas al momento presente. La palabra «mindfulness» es una traducción del término pali *sati* (sánscrito: *smrti*), que puede ser traducido, aproximadamente, como *recordar* (es decir, «recordar» que debemos ser conscientes del presente). Sin embargo, recordar ser conscientes del presente es muy diferente de estar hiperalerta u obsesionarse con él. La práctica del mindfulness debe ser un proceso natural y relajado, y no requiere que busquemos activamente las cosas para ser conscientes de ellas. Cuando algo aparece en nuestro campo de consciencia, todo lo que tenemos que hacer es observarlo con delicadeza. En lugar de cultivar una «mente llena», lo que deberíamos intentar alcanzar durante la práctica de *sati* es estar de manera plena «con la mente». Y lo hacemos permitiendo que cualquier objeto que se halle ante nosotros acceda de manera natural a nuestra consciencia. Puede tratarse de un objeto externo, como un árbol o un sonido, o tal vez de un objeto interno, como un pensamiento, sentimiento o emoción. Una vez que penetra en nuestra consciencia, percibimos el objeto, permitiéndole existir durante unos momentos y, como todas las cosas, también lo dejamos morir, es decir, desaparecer.

Sin embargo, no solo son algunos estudiantes universitarios los que albergan ideas erróneas acerca del mindfulness. De hecho, durante varios años, los psicólogos y académicos se han esforzado por alcanzar una comprensión clara en este sentido y llegar a un acuerdo sobre qué constituye exactamente la práctica correcta de mindfulness. Parece que casi todos los artículos académicos que leemos acerca del mindfulness incluyen, de un modo u otro, la declaración de que *en la actualidad hay una falta de consenso entre los psicólogos occidentales en lo referente al modo de definir el mindfulness*. Nuestra opinión personal es que los psicólogos occidentales hacen demasiado hincapié en tratar de conceptualizar y difundir una definición «absoluta» o «universal» del mindfulness.

Como individuos que recorren el camino del guerrero atento, no tenemos que preocuparnos demasiado por lo que constituye una definición precisa del mindfulness y podemos dejar a los eruditos este tipo de debates. Cuando el Buddha enseñó y practicó mindfulness hace unos 2.500 años, no le preocupaba la intelectualización acerca del mindfulness, sino que tan solo estaba interesado en su práctica. Si las personas se comprometen a practicar el mindfulness, entonces tendrán una experiencia de primera mano de lo que es (y, en ese caso, no importará el modo en que decidan definirlo otras personas).

La moda del mindfulness

Cada vez son más las personas interesadas en la práctica del mindfulness, e incluso algunas de ellas están empezando a ganarse la vida enseñándolo. Si las personas viven verdaderamente en la consciencia atenta, será sin duda beneficioso para ellas y para la sociedad. Sin embargo, tratar de «difundir» las enseñanzas del mindfulness de un modo demasiado rígido puede hacer más daño que bien. En nuestra opinión, si un instructor posee realmente una comprensión correcta y genuina del mindfulness, es mucho mejor que adopte solo a diez seguidores, o incluso a uno, completamente en el camino del guerrero atento, que tener diez mil seguidores que alberguen un interés superficial.

Hace algunos años estábamos impartiendo una serie de charlas sobre meditación y budismo en el sur de la India. Ocurrió
que en una de las sedes de nuestras conferencias también se
estaba llevando a cabo un retiro de yoga y mindfulness. Era
realmente fácil identificar a los participantes en ese retiro porque se movían por el lugar con un aire de superioridad y siempre mantenían sus manos juntas ante ellos. Su cabeza solía
estar ligeramente ladeada y la mayoría lucía una sonrisa del
tipo «más santo que tú» dibujada en su rostro. Las únicas veces
en que dejaban de comportarse de ese modo era cuando creían
que estaban fuera de la vista del público y se relajaban coti-
lleando sobre sus compañeros participantes.

La práctica del mindfulness debería permitirnos familia-
rizarnos más con la naturaleza caótica e indisciplinada de la
mente. La idea es llegar a percibir hasta qué punto el ego está
implicado en cada uno de nuestros pensamientos y percepciones. Cuando empezamos a darnos cuenta del grado en que
el ego abruma a la mente, podemos dar ciertos pasos para
aflojar el poder que permitimos que tenga sobre nosotros. La
práctica que los participantes de ese retiro llevaban a cabo
era pura apariencia. Solo trataban de seguir una moda y de
estar al día con la última tendencia espiritual. De hecho, en
lugar de proporcionar un medio de desarrollo espiritual, la
práctica aparente de «mindfulness» de esas personas actua-
ba, en realidad, como un obstáculo para su desarrollo espiritual. En suma, la práctica no desmantelaba su ego, sino que
lo reforzaba.

Pero no solo son los laicos que asisten a retiros de meditación los que muestran este tipo de comportamiento. No son pocos los monjes budistas y maestros de meditación que también caen en la misma trampa. Es muy fácil «fingir» la atención y esconderse detrás de túnicas, títulos o currículos de publicaciones. Sin embargo, solo hace falta un individuo que encarne los principios del guerrero atento y que sea firme y resuelto en su práctica para mirar profundamente a los ojos de tales personas y entender la verdad. Por tanto, siempre debemos tratar de ser naturales en nuestra práctica del mindfulness y nuestro desarrollo espiritual. Tenemos que ser honestos con nosotros mismos e intentar no variar nuestra práctica en función de quién esté observándonos.

Distracción

Podemos concebir la distracción como lo opuesto al mindfulness. La distracción se refiere a la falta de consciencia del momento presente, debido a la cual la persona pierde el contacto con lo que piensa y hace aquí y ahora. Por consiguiente, podemos decir que la persona que carece de atención está involucrada en la «no percepción de lo que es». De ese modo, parece existir gran similitud entre el estado de distracción y el fenómeno de la alucinación. En lugar de «no percibir lo que es» (es decir, la distracción), se considera, por lo general, que la alucinación es «la percepción de lo que no es». Dado que ambos estados implican una percepción errónea del «aquí y ahora», hemos propuesto en algunos de nuestros artículos académicos que la distracción es, en realidad, una modalidad de «alucinación invertida».

El pensamiento budista considera que la «ausencia de mindfulness» es el estado por defecto de la inmensa mayoría de la gente. Así pues, muchos individuos considerados «mentalmente sanos» por las convenciones occidentales (por ejemplo, según la definición ofrecida por la Organización Mundial de la Salud) serían considerados, según la teoría budista, «delirantes» y padecerían una forma persistente de alucinación invertida.

Nos gusta pensar que el mirlo en el jardín ha pasado su vida perfeccionando su canto solo para que podamos escucharlo en este espacio y en este momento exacto del tiempo. De igual modo, también nosotros hemos dedicado nuestra vida a perfeccionarnos a nosotros mismos, de manera que podamos estar presentes en este preciso momento para escuchar el canto del mirlo. Y lo mismo se aplica a todos nuestros encuentros con los fenómenos. Sin embargo, si permitimos que la mente mundana –con sus emociones, pensamientos, sentimientos y opiniones– nos invada, este momento pasará completamente desapercibido y permaneceremos en un estado de alucinación invertida. En ese caso, seremos incapaces de apreciar el canto del mirlo y, capitaneada por la mente indisciplinada, la vida seguirá un rumbo completamente distinto.

El pasado solo es un recuerdo y el futuro, una fantasía. Todo lo que tenemos es el presente y, si no somos conscientes de lo que hay ahora, sería mejor no estar aquí. Nos arriesgamos a convertirnos en cadáveres andantes que dejan pasar la vida completamente desapercibida. No obstante, el camino del guerrero atento es lo opuesto al sendero de los cadáveres andantes. El guerrero atento se esfuerza por estar despierto, consciente y completamente vivo en cada hermoso momento de su preciosa vida.

No pienso, luego no existo

Las palabras latinas *cogito ergo sum* («Pienso, luego existo») se atribuyen al filósofo francés del siglo XVII René Descartes. Sin embargo, según la lógica de Descartes, la siguiente afirmación también sería cierta: «No pienso, luego no existo». Es obvio que esta declaración es insostenible porque, si resulta que una persona no está pensando, eso no significa, por defecto, que no exista (o que no sepa que existe). Así pues, el error en el sistema de Descartes consiste en atribuir nuestra existencia (o la consciencia de nuestra existencia) a la presencia o ausencia del pensamiento.

El hecho de pensar mucho, poco o nada tiene escasa relación con el grado en que podemos decir que existimos y estamos vivos. Más que la presencia o ausencia de pensamiento, lo importante es, desde el punto de vista del guerrero atento, el grado en que somos conscientes de nuestros pensamientos. Si tenemos pensamientos, pero no somos conscientes de ellos, entonces, aunque según el criterio de Descartes eso signifique que existimos, no podemos afirmar, en realidad, que somos plenamente conscientes de nuestra existencia.

En las enseñanzas budistas tradicionales concernientes al mindfulness, los *suttas* budistas, como el *Ānāpāni Sutta*, el *Satipatthāna Sutta* y el *Kāyagatāsati Sutta*, hablan de cuatro posibles puntos de referencia que podemos utilizar como puntos focales para la práctica del mindfulness. Estos cuatro puntos son el cuerpo (incluyendo en especial la respiración), las sensaciones, los pensamientos y los fenómenos en general. En capítulos posteriores de este libro explicamos la práctica del mindfulness en relación con estos cuatro puntos de referencia, pero la cuestión principal que hay que tener en cuenta es que la práctica del mindfulness nos permite ser plenamente conscientes de todos los aspectos de nuestra existencia.

Nuestra existencia está constituida por aquello que experimentamos con el cuerpo y aquello que experimentamos con la mente. Interactuamos con nosotros mismos y con el mundo que nos rodea a través del cuerpo y la mente, y, en ese sentido, el hecho de cobrar gradualmente consciencia de los cuatro puntos focales recién mencionados nos permite asegurarnos de no obviar, durante la práctica del mindfulness, aspectos importantes de nuestra vida. Al sostener con cuidado nuestro cuerpo y nuestra mente en la consciencia atenta, observamos y saboreamos cada momento de nuestra existencia, así como participamos plenamente de la vida. Cuando nos convertimos en «observadores participantes» de la vida, esta comienza a asumir un nuevo significado y una nueva perspectiva. Ser un observador participante nos permite ir más allá de la afirmación de Descartes de «pienso, luego existo» y, en su lugar, experimentar la verdad contenida en la declaración «soy plenamente consciente de cada momento de mi vida, luego estoy plenamente vivo».

La mente de mono

En algunas comunidades de meditación y práctica budista, a veces se utiliza la expresión «mente de mono» para referirse a las personas que tienen una mente muy inquieta. Tener una mente de mono significa básicamente que, al igual que un mono travieso, nuestra mente salta constantemente de una cosa a otra y solo muy raramente permanece quieta. Las personas con mente de mono pueden estar implicadas en algún tipo de tarea o conversación, pero sucumben con rapidez al aburrimiento y su mente empieza a divagar de nuevo.

En general, las personas que padecen una forma grave de mente de mono son fáciles de identificar porque, además de hallarse mentalmente intranquilas, también suelen estar físicamente inquietas. Por supuesto, existen muchos motivos, incluyendo razones médicas, que influyen en el grado de malestar físico que manifiesta una persona. Sin embargo, hablando en general, si a una persona le resulta difícil permanecer quieta y siempre tiene que estar haciendo algo, entonces, esto es un sín-

toma de que puede tener una mente de mono. Otro buen indi-
cador de la mente de mono es cuando el individuo sigue una
cierta línea de diálogo o conversación y, de repente, se va por
la tangente e introduce temas que no guardan ninguna relación
en absoluto. De hecho, conocemos a varias personas que son
capaces de enhebrar una cadena interminable de temas sin ninguna relación entre sí y mantener durante horas lo que ellos
consideran una «conversación», sin requerir demasiada información de parte de sus interlocutores. Tal vez la mente de mono
de personas como estas es tan grande como un gorila, o quizá
tan solo es muy traviesa e inquieta. ¿Quién sabe?

La condición de la mente de mono normalmente se torna
evidente cuando las personas emprenden la práctica del mindfulness. Las personas nuevas en la práctica a menudo experimentan dificultades para depositar su concentración en el
momento presente o en el flujo natural de sus inspiraciones y
espiraciones. Esto no debe ser motivo de preocupación. Lo más
importante que debemos hacer cuando nos damos cuenta de
que tenemos una mente de mono es no luchar contra ella o tratar de suprimirla. Si entendemos, por un lado, que domesticar
la mente de mono exige mucho esfuerzo, siendo probablemente lo más importante que podemos hacer en nuestra vida, pero
sabemos, por otro lado, que el crecimiento personal y espiritual necesita tiempo y no puede ser forzado, crearemos el estado de ánimo óptimo para disfrutar del proceso de transformar los hábitos mentales insanos y progresar en el sendero de
la consciencia.

Para domesticar la mente de mono necesitamos darnos cuenta de su naturaleza indisciplinada, si bien de una manera liviana, espaciosa y clara. El hecho de observar y ser conscientes de nuestros pensamientos y procesos mentales nos ayuda a concretarlos y reducir el poder que tienen sobre nosotros. Sin embargo, como hemos señalado antes en este mismo capítulo, si tratamos de escudriñar con demasiada intensidad nuestros pensamientos y sentimientos, entonces, a pesar de nuestros esfuerzos por hacer lo contrario, terminaremos infundiéndoles demasiado poder e importancia. Por tanto, tenemos que encontrar un equilibrio, y la regla de oro en este sentido es «observar sin aferrarse».

Así pues, cuando practicamos la consciencia de nuestros pensamientos y de nuestros procesos mentales debemos hacerlo con una mente abierta y amplia. Eso significa que, sin tratar de manipularla, aceptamos la mente tal como es. Si la mente es especialmente salvaje y está fuera de control, es correcto: todo lo que hacemos en esa situación es tomar la propia mente rebelde como el objeto de nuestra consciencia. En efecto, lo que hacemos es dejar libre a la mente en el campo de nuestra consciencia. Debido a que no nos aferramos a la mente ni nos resistimos a ella tratando de mantenerla bajo control, no le queda más alternativa que empezar a tranquilizarse.

La mente de mono seguirá siendo de ese modo mientras no nos decidamos a domarla. Podemos pensar que no tenemos una mente de mono, o que sí la tenemos, pero que no necesita ser disciplinada. Sin embargo, si somos sinceros con nosotros mismos y examinamos la mente con más detenimiento, es muy probable que percibamos que muy rara vez (si es que sucede alguna vez) experimentamos auténtica paz mental. De hecho, con independencia de si somos conscientes o no de la naturaleza salvaje de nuestra mente, tener una mente que siempre anda divagando –saltando constantemente de un lado a otro, entre el pasado y el futuro– a la larga nos agota física, mental y espiritualmente.

De hecho, en nuestra opinión los problemas de salud mental como la ansiedad, el estrés y la depresión surgen porque las personas tienen una mente indisciplinada y no saben cómo atender adecuadamente a sus pensamientos y sentimientos. Sin embargo, también somos de la opinión de que, al practicar la plena consciencia de todos nuestros pensamientos y movimientos mentales, podemos empezar a cuidar nuestra mente de mono hasta que, poco a poco, aprenda a reposar con tranquilidad y quietud.

Domar la mente de mono

Existen varios ejercicios contemplativos que se pueden llevar a cabo para ayudar a adiestrar la mente de mono. Sin embargo, antes de llevar a cabo estos ejercicios, hay que tomar una importante decisión.

En general, las personas adoptamos una de las siguientes tres «estrategias psicológicas», de tal manera que: 1) permitimos que nuestra mente (con todas sus emociones y parloteo mental) viva nuestra vida por nosotros, 2) dejamos que la mente de otras personas (llena de emociones y de parloteo mental) viva la vida en nuestro lugar, o 3) decidimos vivir nuestra vida sin la interferencia de nuestra propia mente ni la de otras personas. Si somos serios a la hora de seguir el camino del guerrero atento, tendremos que elegir, abrazar y comprometernos con esta última estrategia. Al efectuar esta elección, estaremos cultivando el contexto correcto para la práctica del mindfulness y seremos capaces de percibir el panorama general en términos de cómo cada ejercicio meditativo específico encaja en el viaje espiritual más amplio que llevamos a cabo.

El ejercicio con el que nos gustaría concluir este capítulo implica llevar a cabo una «intervención en el yo» en el momento en que reconocemos que el mono corre descontrolado por nuestra mente. En general, cuando afrontamos diferentes situaciones, los pensamientos y sentimientos surgen automáticamente sin necesidad de que sean convocados. Por ejemplo, cuando se hallan ante alguien que está enfadado y grita, la mayoría de las personas automáticamente se ven asaltadas por el miedo y también empiezan a gritar, permitiendo que la mente de mono asuma el control y usurpe su vida.

En situaciones en las que nuestra mente de mono actúa de manera negativa necesitamos reconocer que estamos en peligro y responder «enviando un SOS». El proceso de enviar un SOS implica que nos decimos a nosotros mismos las siguientes frases:

1. *Stop* (*para*)

2. *Observa la respiración*

3. *Serénate y vigila tu mente*

Enviar un SOS ayuda a interrumpir nuestro patrón normal de respuesta y crea el tiempo y el espacio mental imprescindibles para evaluar lo que ocurre ante nosotros. De manera más específica, al enviar un SOS creamos un espacio mental donde podemos reposar, respirar y observar lo que se desarrolla dentro y fuera de nuestra mente. En este espacio mental, solo estamos nosotros y nuestra respiración. Este es un lugar seguro en el que permanecer y relajarnos. Los pensamientos, los procesos mentales, las emociones y los sentimientos quedan fuera de dicho espacio. Si quieren entrar, tienen que llamar a la puerta.

Si no creamos este espacio mental de observación, entonces, cada vez que nos agitamos, estamos alimentando la mente de mono. De hecho, no solo alimentamos la mente de mono durante la situación original que nos lleva a enfadarnos, sino que seguimos haciéndolo durante días –y, a veces, años– después de ocurrido el suceso, puesto que tendemos a darle vueltas y aferrarnos a las cosas. Si mientras reposamos en nuestro espacio mental, observando el mundo que nos rodea, un sentimiento o pensamiento llama a la puerta, nos aseguramos de que estamos relajados y luego caminamos hacia la puerta sin apresurarnos y sin olvidar que nosotros somos el anfitrión y que quien está en la puerta es el huésped.

Imaginemos que es el enfado el que llama a nuestra puerta. Le abrimos y le damos las gracias por llamar. Cuando sentimos que estamos preparados, le invitamos a entrar y tomar asiento. Nos sentamos justo enfrente y respiramos, nos relajamos y permanecemos en silencio durante unos momentos. El silencio puede incomodar al enfado haciendo que se agite todavía más. Sin embargo, permanecemos centrados –y sin sentir la necesidad de decir nada– y lo miramos directamente a los ojos. Cuando nos sentimos cómodos con nuestro huésped, podemos formularle algunas preguntas. Por ejemplo, podemos preguntarle: «¿Quién eres exactamente? ¿De dónde vienes? ¿Por qué estás aquí?». Con compasión y amabilidad invitamos a nuestro huésped a que hable con nosotros. Si conseguimos que el enfado se sienta cómodo, es más fácil para nosotros entenderlo. Con el tiempo (y esto puede requerir muchos intentos), descubrimos que el enfado, y de hecho todos nuestros huéspedes temporales, carece de sustancia. El enfado ha sido creado por nosotros, y sigue ahí solamente porque nosotros lo alimentamos.

El enfado seguirá retornando y llamando a la puerta. No obstante, cada vez que lo cuestionamos e investigamos, se vuelve más pequeño y más débil. De hecho, puede llegar un día en que no aparezca en absoluto. El proceso de invitar a los huéspedes a nuestro espacio mental requiere equilibrio y concentración. Por consiguiente, si advertimos que nuestra concentración en este huésped empieza a divagar, es hora de concluir la conversación. Una mente errática solo desemboca en confusión. En esas circunstancias, nos levantamos, agradecemos a nuestro huésped su visita y lo invitamos a salir, informándole de que puede retornar en otro momento. Una vez ha salido el enfado, cerramos amablemente la puerta y volvemos al espacio en el que solo estamos nosotros y nuestra respiración.

Observamos entonces la inspiración y la espiración. No hay pensamientos relativos a la respiración y tampoco hay sentimientos al respecto. Simplemente hay respiración. Experimentamos y nos observamos a nosotros mismos inspirando, y experimentamos y nos observamos espirando.

3. El código del guerrero atento

Tanto en la cultura oriental como en la occidental, se nos repite muchas veces, desde una edad temprana, que si estamos dispuestos a esforzarnos y apuntar alto, tendremos más oportunidades de disfrutar de una vida de éxito. Y, hasta cierto punto, esta es una filosofía válida. En la actualidad, hay aproximadamente siete mil millones de personas viviendo en este planeta, y todos ellos aspiran a llevar una vida cómoda y exitosa. Todo el mundo quiere un pedazo del pastel. Sin embargo, la riqueza y el estatus funcionan como una pirámide y, en cada momento, un número relativamente escaso de personas pueden ocupar la cima. Si todos fuésemos ricos, el concepto de riqueza dejaría de tener sentido. Los ricos solo lo son en contraste con los pobres. Por consiguiente, ir por delante en esta competición exige siempre una enorme cantidad de esfuerzo, determinación y concentración.

Y no es solo con relación a la riqueza donde parece aplicarse la filosofía de «enriquecerse o morir en el intento». Llegar a la cima como deportista, hombre de negocios, artista, diseñador de modas, escritor, actor, académico, científico, médico, presentador de televisión o periodista exige comprometerse y centrarse de un modo absoluto en la tarea que se ha de realizar. La competencia es feroz, y, aunque una pequeña minoría de personas alcance la celebridad en su área laboral específica, las leyes de la estadística determinan que la mayoría no lo conseguirá.

Por supuesto, llegar a los escalafones superiores de la carrera o de la escala de la riqueza es tan solo uno de los medios para medir el éxito, y por ese motivo algunas personas cuantifican el éxito mediante la formación de una familia, el logro de una posición en la universidad, el inicio de un pequeño negocio o la compra de una casa. Otros, incluyendo a muchos que se mueven en los círculos de la meditación y la práctica del mindfulness, ponen menos énfasis en los logros tangibles y suscriben la opinión de que una vida exitosa significa centrarse más en el viaje que en el destino.

Atención a los detalles

Aunque ciertamente hay ventajas asociadas a la adopción de algunos de los métodos recién mencionados para relacionarse con el éxito (y la vida en general), desde el punto de vista del guerrero atento ninguno de estos enfoques es del todo acertado. Adoptar la perspectiva de centrarse en el viaje más que en el destino es una idea muy romántica, pero también un enfoque un tanto egoísta. El hecho es que compartimos este mundo con muchas personas y seres vivos. Cada uno de nuestros pensamientos, palabras y acciones genera una onda que se expande indefinidamente a través del tiempo y el espacio. Está muy bien relajarse y «morar en el momento», pero, en algún instante, el producto del tiempo que invertimos viviendo en el momento repercutirá también en otras personas.

En consecuencia, el guerrero atento es alguien que disfruta plenamente de cada paso de su viaje por la vida. Sin embargo, al comprender que su viaje también influye en la vida de innumerables seres tiene muy en cuenta las consecuencias últimas de sus acciones. Si, por ejemplo, el guerrero atento es pintor, entonces, cuando se sienta delante de su caballete, es completamente consciente del momento presente y advierte con calma cada respiración, cada movimiento de la mano, cada sonido y cada color que lo rodea. No obstante, eso no le impide esforzarse –con determinación infatigable– para crear una obra maestra. Entiende que otras personas verán y asimilarán el contenido de su pintura e imbuye su trabajo de consciencia, compasión y disciplina.

Desde esta perspectiva, es preciso señalar que el guerrero atento es alguien que presta atención a los detalles y que se compromete al máximo con cada tarea que emprende. No importa si va al baño o si se entrevista con un jefe de estado, cada detalle de la vida del guerrero atento está dotado de energía espiritual y consciencia meditativa. Su vida es su práctica y se halla comprometido con este mundo. El guerrero atento no pierde el tiempo con individuos que se hallan en algún tipo de viaje hacia la iluminación y que piensan que la práctica espiritual se limita a tomarse las cosas con calma y «permanecer en el momento».

No quedar atrapado en los detalles

Es importante señalar que el interés que el guerrero atento pone en el producto o resultado final de sus esfuerzos es muy diferente del tipo de enfoque adoptado por los individuos que luchan por llegar a la cima de su carrera o la cúspide de la riqueza. De hecho, parecerá extraño que digamos esto, pero el enfoque del guerrero atento se deriva de la comprensión de que, en última instancia, cualquier esfuerzo mundano equivale a nada. Es una ley natural del universo que, a la postre, todo lo amasado o logrado se disuelva y se desvanezca. La única dirección en que pueden moverse los individuos que se hallan en la cima de la carrera o de la escala de la riqueza es hacia abajo. Simplemente es imposible que cualquier cosa que construyamos o creemos en nuestra vida resista el paso del tiempo y, aunque perdure unos cuantos cientos de años, es seguro que no podemos cerrar un trato con la muerte para que permanezca siempre.

Los negocios se desploman, los familiares mueren, las carreras tocan a su fin, los edificios se desmoronan y las reglas se reescriben. El guerrero atento entiende claramente que nada perdura y que, desde este punto de vista, todos los objetivos y empresas tienen básicamente un mismo sabor. En un nivel absoluto, todos nuestros proyectos y esfuerzos –sin importar lo grandes o pequeños que sean– poseen el mismo grado de significado e importancia. Tanto si creamos un pequeño parterre en un rincón del jardín o construimos una ciudad entera, ambos proyectos tienen una vida útil limitada. Desde una perspectiva a largo plazo, no hay argumentos sólidos para defender que cualquiera de ambos proyectos sea más importante que el otro. El universo y los planetas que contiene nacieron, viven y desaparecerán. Los seres que viven en esos planetas también advienen a la existencia, se implican en todo tipo de planes y actividades, y luego mueren pasado un breve periodo.

Debido a la comprensión de que, en un nivel último, es realmente imposible crear o lograr algo, el guerrero atento se desapega del resultado de su trabajo. Cuando crea algo o alcanza un objetivo, entiende que no ha creado ni cumplido verdaderamente nada. Sabe que los fenómenos cambian en el momento en que los observamos y que cualquier cosa que «sea» dejará de existir a la postre. Por tanto, una faceta importante del código del guerrero atento es la capacidad de combinar los principios aparentemente contradictorios de prestar atención a los detalles de la vida sin dejarse atrapar por ellos.

Impavidez

Algunas personas opinan que, para acceder al sendero espiritual, hay que olvidarse del mundo y de todo lo que conocemos. Sin embargo, como ya hemos mencionado, en lugar de olvidarnos del mundo o de darle la espalda, el auténtico practicante espiritual se rinde por completo al mundo y se sumerge plenamente en él. Para rendirnos al mundo, primero tenemos que abandonar la esperanza y el temor. Cuando albergamos alguna esperanza, quedamos expuestos al sufrimiento, puesto que sufrimos si no se cumplen nuestras esperanzas y expectativas. Y, dondequiera que haya esperanza, también hay miedo, es decir, el temor a que nuestras esperanzas no se vean satisfechas.

Muchas personas creen que, para ser felices, necesitan esperanza. Pero este tipo de felicidad es condicional, ya que depende de la presencia de factores externos. Confiar en factores externos nunca conducirá a una felicidad duradera porque las situaciones y los fenómenos cambian de continuo y no hay manera de que podamos controlarlos completamente. Cuando albergamos la esperanza de estar siempre en otro lugar, de ser otra persona o de tener algo más, de hecho, damos la espalda al momento presente, con lo que la paz espiritual profunda nunca puede arraigar en nuestra mente. Esto no quiere decir que no procuremos mejorar nuestra situación actual, pero no debemos permitir que la mente se intoxique con la esperanza de que fructifiquen nuestros esfuerzos. Dicho de otro modo, si queremos cambiar o mejorar nuestras circunstancias actuales, debemos hacerlo centrándonos completamente en la tarea que nos ocupa, pero sin apegarnos a la idea de que, de alguna manera, vamos a obtener algo o llegar a algún lado.

El guerrero atento crea las condiciones correctas para alcanzar su primer atisbo de intrepidez incondicional implicándose en todo lo que experimenta, pero desapegándose de ello. Una vez que se convierte en experto en abandonar la esperanza y el deseo, absolutamente nada puede sacudir su confianza. Sin proponérselo, el guerrero atento empieza a dimanar fuerza, coraje y satisfacción. Permanece centrado y no se deja amedrentar por ninguna situación. La gente no puede dejar de percibir el coraje procedente del auténtico guerrero atento. Debido a que su valentía se deriva de la serenidad, la compasión y el desapego, los demás siempre se sienten tranquilos y seguros en su presencia.

No obstante, también habrá una pequeña minoría de personas que se sientan amenazadas e inquietas en presencia del guerrero atento, porque su actitud es muy diferente de la suya. La calma y la claridad mental del guerrero atento actúan como un espejo, y algunos no están preparados para percibir que ese yo, en cuya creación han trabajado tan duro, carece de sustancia. De ese modo, cuando se sienten amenazados, pueden enfadarse. No obstante, habrá otras personas que aprovechen esta oportunidad constructiva para examinar su vida y acometer los cambios que procedan.

La cualidad de intrepidez que dimana de manera natural al recorrer el sendero del guerrero atento proviene de un lugar de sabiduría, compasión y libertad respecto de la esperanza, que no tiene absolutamente nada que ver con la fuerza bruta ni con tratar a toda costa de ser valiente. Este último tipo de valor depende en buena medida de la presencia del «mí», lo «mío» y el «yo». La intrepidez que manifiesta el guerrero atento es lo que queda después de que han sido eliminados de la ecuación el «mí», lo «mío» y el «yo». Por esta razón, su intrepidez está desprovista de agresión y carece de cualquier agenda personal.

Una fuente importante de la intrepidez del guerrero atento es el compromiso absoluto con el camino que recorre. El guerrero atento no establece ninguna distinción entre la práctica espiritual y el tiempo que invierte en el trabajo o los periodos que pasa con su familia. Con independencia de lo que haga y dondequiera que se encuentre, el guerrero atento se esfuerza por perfeccionar cada respiración, cada momento y cada actividad de su vida. Este compromiso infatigable con el sendero de su elección le da acceso a una inmensa reserva de energía espiritual. Esta es la energía del momento presente que fluye a través de todos los fenómenos y los conecta.

Aprovechando esta energía y nutriéndose de ella, el guerrero atento es capaz de responder con intrepidez y de aceptar lo que ocurre. Todo lo que encuentra forma parte de su práctica. No importa si se le considera un héroe nacional, o si se ve despreciado y ridiculizado, el guerrero atento tiene plena confianza en lo que hace. Es esta una hermosa y estimulante manera de vivir.

Alegría

Un aspecto adicional del código del guerrero atento, relacionado con lo anterior, es su capacidad para disfrutar de cada situación. No existe tal cosa como una vida carente de retos, y enfrentarse a condiciones adversas forma parte del ser humano. Sin embargo, el que percibamos una determinada situación como algo que podemos disfrutar o no, tan solo depende de nuestro estado de ánimo. Al considerar que todo lo que encuentra en la vida es su maestro, el guerrero atento es capaz de ir más allá de la noción de que las situaciones son «agradables» o «desagradables». En otras palabras, el guerrero atento acepta lo que se halla ante él y se relaciona con ello desde el nivel de la pura experiencia. Ninguna experiencia es mejor que otra, sino que cada experiencia es percibida como un maestro y como una oportunidad para crecer.

Si el guerrero atento pierde su trabajo o su reputación, es absolutamente adecuado. Inspira y experimenta plenamente la situación. Espira y acepta completamente la situación. Abraza el cambio de sus circunstancias y, si es necesario, adopta medidas correctivas. Sin embargo, no se considera de ninguna manera injustamente tratado y tampoco es presa del pánico ni se deprime. De hecho, disfruta a fondo de cada situación.

Suena como si fuese algo muy difícil de llevar a cabo, pero ser capaz de disfrutar de las circunstancias adversas solo depende de saber mantener la actitud correcta. La mayoría de las personas están condicionadas y reaccionan con miedo, pánico y agresividad ante las circunstancias difíciles. Tras haber observado que sus padres, amigos y compañeros responden de esa manera, empiezan a adquirir el mismo hábito. Sin darse cuenta de ello, la gente «se entrena» para responder a la adversidad con emociones negativas y, en poco tiempo, se vuelve experta en esta forma de gestionar los diferentes problemas de la vida. Sin embargo, es perfectamente posible romper este tipo de reacción automática ante la adversidad.

El primer paso para romper la reacción automática consiste en reconocer el miedo y la respuesta de pánico tan pronto como empieza a asomar. Si deseamos cambiar un patrón de respuesta conductual profundamente arraigado en nuestra mente, en primer lugar necesitamos ser conscientes de su presencia. Aquí es donde entra en juego el prestar atención a cada uno de nuestros pensamientos y sentimientos. El mero hecho de reconocer que estamos empezando a entrar en pánico o a asustarnos ya interrumpe el patrón habitual que lleva a la mente a enredarse con los pensamientos y emociones.

Podemos interrumpir este patrón de respuesta inadaptada prestando atención a nuestra respiración y haciendo el esfuerzo de ser completamente conscientes de nosotros mismos. Sin embargo, lo más importante es tomar la decisión de no responder con miedo, ira o ninguna otra emoción destructiva. Si tomamos esta decisión con la suficiente convicción, no será demasiado difícil interrumpir nuestros patrones de respuesta habituales y condicionados y cambiar por completo nuestra perspectiva acerca de la situación. Ante el caos o las noticias indeseadas, podemos entrenarnos para tomar distancia, relajarnos y disfrutar a fondo de la situación. Al permitir que surjan en la mente la claridad y la ecuanimidad, seremos capaces de entender que no es ni una buena ni una mala situación, sino que simplemente es lo que es. No hay nada que perder, ni nada que ganar.

Cuando logremos responder con éxito de esta manera unas cuantas ocasiones, tendremos mayor confianza en nuestra capacidad para seguir el camino del guerrero atento y, a la larga, la alegría incondicional se convertirá en nuestra forma natural de ser. Cuando otros se asusten a nuestro alrededor, nosotros permaneceremos tan estables como una montaña, con los pies firmemente arraigados en el suelo. Esta es una de las razones por las que hemos decidido referirnos al auténtico practicante del mindfulness como un guerrero: mantener de un modo incondicional la alegría requiere mucho valor.

Este modo de gestionar las situaciones adversas puede parecernos algo difícil de llevar a cabo. Sin embargo, si nos detenemos a pensar en ello, no existe una sola circunstancia en nuestra vida en la que sea útil responder con pánico o negatividad. Si hay algo que podemos hacer para aliviar las circunstancias difíciles, debemos emprender la acción apropiada de una manera deliberada, concentrada y calmada. Sin embargo, si no hay nada que hacer, no tiene sentido perder el sueño por ello. Insistir en ese sentido no solo aumentará la intensidad de nuestro sufrimiento, sino que perjudicará nuestra capacidad de afrontar la situación. Hay un dicho que afirma que el estrés es como un caballo de balancín: puedes montarlo todo lo que quieras, pero no te llevará a ningún lado.

Hay quizá un último detalle, respecto a la práctica de la alegría incondicional, que merece la pena aclarar. La alegría incondicional no implica mostrar todo el día una sonrisa radiante. Ya nos hemos referido, en este libro, a la tendencia de algunos practicantes de mindfulness a intentar hacer exactamente esto. Sin embargo, en lugar de una alegría genuina, este tipo de comportamiento indica por lo general una falta de convicción en la práctica. Eso no quiere decir que el guerrero atento no sonría. Por el contrario, tiene una hermosa sonrisa y la utiliza mucho. Sin embargo, sonríe desde el corazón y, cuando lo hace, ofrece todo su ser al receptor de su sonrisa. El guerrero atento sabe cuándo es apropiado sonreír y cuándo no. De hecho, si la situación lo requiere, puede mostrarse feroz e implacable, pero eso no significa que no haya satisfacción ni alegría en su corazón.

Un humilde servidor

Otra faceta importante del código de guerrero atento es la humildad. Al guerrero atento no le interesa ser reconocido o recompensado. Esto no quiere decir que no acepte el reconocimiento, pero es cierto que no es algo que tenga en cuenta cuando decide emprender un curso de acción. De hecho, muchas veces permanecer al margen del foco de atención, le facilita ser más eficaz a la hora de guiar con amabilidad a otros a lo largo del camino espiritual.

El guerrero atento entiende que, como una telaraña que se extiende formando un círculo completo, se halla profundamente conectado con todas las formas de vida y fenómenos del universo. Percibe todos y cada uno de sus encuentros con otras formas de vida como acontecimientos sumamente importantes y entiende que sus pensamientos, palabras y acciones tienen un impacto en el futuro bienestar de esa forma de vida. Por consiguiente, el guerrero atento es un humilde servidor de todos y cada uno de los seres vivos de este planeta.

No importa si se encuentra o interactúa con un cajero de supermercado, vecino, colega de trabajo, persona famosa, socio, delincuente, perro, gato, mariposa, o incluso un individuo que desea hacerle daño, ya que el guerrero atento está plenamente presente para ese ser. Al ser sincero, humilde y plenamente consciente de la presencia del otro, el guerrero atento proporciona a esa persona o ser exactamente lo que necesita en ese momento particular de su vida para ayudarle a avanzar en el sendero espiritual.

Otra cualidad fundamental de la práctica de la humildad por parte del guerrero atento es considerarse como un estudiante de cada persona y situación que encuentra. La humildad permite que su mente sea lo suficientemente flexible para aprender de cada situación. De ese modo, percibe todas sus acciones como una oportunidad de aprendizaje y considera cada situación como su maestro. El guerrero atento es capaz de extraer un sentido y un significado profundo incluso de simples actos como inspirar y espirar, poner un pie delante del otro, o ver caer las hojas de un árbol.

En el caso de que el guerrero atento tenga «estudiantes» propios, también es estudiante de sus estudiantes. No se cree de ninguna manera superior a otras personas, sino que interactúa con sus estudiantes y con todos los que encuentra como si fuesen seres espirituales. El guerrero atento es un ser espiritual, y, con independencia de que la otra persona lo sepa o no, ella también es otro ser espiritual. Ninguna de las partes es más importante que la otra, sino que ambos son componentes vitales del universo.

Sin embargo, ser discípulo y servidor de todos no significa que el guerrero atento permita que la gente lo utilice como su felpudo. Consentirlo no sería lo mejor para nadie. En consecuencia, sabe que, para ser un servidor eficaz, puede que tenga que hacer valer su autoridad con ciertas personas o en determinadas situaciones.

Elegancia

El cisne es elegante y delicado en sus movimientos. Se desliza por el agua sin perturbarla apenas. El guerrero atento es como un cisne en la forma en que se mueve e interactúa con el mundo. Cuando se sienta, sabe que está sentado. Se sienta deliberadamente y con un movimiento grácil. Reposa con la espalda relajada pero recta, y mantiene la cabeza centrada y con confianza. El guerrero atento no se encorva cuando se sienta. No se inquieta con las cosas ni permite que sus piernas o pies se muevan de un lado a otro. Si es incapaz de sentarse erguido debido al dolor corporal o a una discapacidad física, se adapta y hace todo lo posible para permanecer tranquilo. Cuando el guerrero atento se sienta, dimana presencia, fuerza y elegancia.

Lo mismo se aplica al modo en que camina, come y habla. Cuando el guerrero atento camina, sabe que está caminando y observa y experimenta la transferencia de peso de un pie al otro. El guerrero atento anda con la cabeza alta y la espalda recta pero relajada. Cuando come, mastica y saborea cada bocado. Nunca tiene prisa por terminar su comida, sino que come de manera tranquila y delicada. Del mismo modo, cuando habla, es consciente de lo que expresa. Nunca abre la boca sin prestar atención a lo que está a punto de decir. Aunque otras personas puedan tratar de atraerlo a su propia telenovela, él sigue manifestando alerta, confianza y gracilidad.

Al perfeccionar su práctica, el guerrero atento crea una atmósfera de presencia espiritual que ayuda a otros a calmarse y conectarse con su propia capacidad de despertar al momento presente. Hace poco, el profesor Nirbhay Singh –un colega nuestro que trabaja en los Estados Unidos– ha llevado a cabo dos investigaciones independientes en las que han participado profesores de niños en edad preescolar y madres de adolescentes con trastornos del espectro autista. El primer estudio investigaba de qué modo la práctica de mindfulness de los profesores afectaba al comportamiento de los niños, mientras que el segundo estudio analizaba de qué modo el mindfulness influye en el comportamiento de los miembros de la familia que no meditan.[3] Los hallazgos de estos estudios denotan la cualidad casi «contagiosa» del mindfulness y muestran que, por el mero hecho de estar en presencia de practicantes de mindfulness, los niños y adolescentes experimentan mayores niveles de bienestar y empiezan a ser cada vez más conscientes de cómo actuar de una manera más adaptativa psicológica y socialmente.

Simplemente ser sin tener que ser nada

De vez en cuando, escribimos un tipo de poema, o canto espiritual, llamado *vajragiti*. La palabra sánscrita *vajra* significa «diamante», o «indestructible», mientras que la palabra *giti* quiere decir «canto». Algunos de nuestros *vajragitis* han sido recitados o escritos espontáneamente, mientras que otros fueron compuestos a petición de una persona concreta o con motivo de una ocasión particular.

El siguiente *vajragiti* tiene una estructura de cuatro estrofas de cuatro versos cada una y se titula «Simplemente ser sin tener que ser nada».[4] Este *vajragiti* incluye dos palabras sánscritas, *apranihita* y *Dharmadhatu*, que significan, respectivamente, «ausencia de deseo» y el «reino de la verdad incondicionada».

No hay adónde ir, ni nada que hacer.
No hay reputación que construir, ni nada que defender.
No hay posesiones que amasar, ni nada que proteger.
Esta es la intrepidez que nace de apranihita.

Simplemente aquí, simplemente ahora.
Simplemente nacer, simplemente morir.
Simplemente satisfecho, simplemente consciente.
Simplemente permanecer, simplemente ser.

No hay espacio, no hay tiempo.
Así pues, no hay aquí ni ahora.
No hay yo, no hay otro.
De ese modo, tampoco hay apego ni aversión.

Soltar sin nada que soltar.
Practicar sin ningún sendero que recorrer.
Simplemente ser sin tener que ser nada.
Esta es la sabiduría omnipresente del Dharmadhatu.

4. Llevar con nosotros el cojín de meditación

¿Has dedicado hoy unos momentos a preguntarte dónde está tu mente? ¿Sientes tu mente ligera y libre o te aferras a las cosas? ¿Respiras de una manera hermosa? ¿Estás siendo amable y gentil contigo mismo? ¿Estás aquí y ahora? Dondequiera que vayamos, es inusual que pasen unas cuantas horas sin que nos formulemos mentalmente alguna de las preguntas anteriores. En este capítulo, expondremos diversas estrategias útiles para ayudar a que la atención no sea algo que practicamos de vez en cuando, sino que se convierta en nuestra forma natural de ser.

Recargar las baterías

Como individuos que se hallan en el camino del guerrero atento, resulta útil intercalar en nuestra jornada periodos de meditación sedente. De la misma manera que es imprescindible enchufar y recargar el teléfono móvil, también es necesario dedicar algún tiempo a reenfocar y nutrir la mente. El guerrero atento debe ser lo suficientemente humilde para saber cuándo es el momento de recargar sus baterías. Estos periodos invertidos en la «meditación formal» pueden ser tan breves o tan prolongados como queramos.

Una de las consideraciones más importantes respecto a la meditación sedente es que ha de suponer una inversión productiva de nuestro tiempo. Algunas personas que se llaman a sí mismas practicantes de meditación se sientan a meditar muchas veces al día e incluso durante horas cada vez. Y hacen esto durante meses e incluso años. Sin embargo, basándonos en los casos que hemos conocido de individuos que adoptan esta práctica (entre los que se incluyen varios monjes y monjas budistas ordenados), muy pocos hacen un buen uso de su tiempo.

Un error común durante la práctica de meditación es caer en lo que tal vez sea mejor describir como una forma de ensueño. En dicho estado mental, la mente alterna entre periodos de pensamiento insistente y una especie de vago estupor. Cuando se medita de esta manera, es posible que se manifieste algo similar a una auténtica calma meditativa, pero la tendencia es que la mente se sienta anestesiada por estas sensaciones de tranquilidad, lo cual impide que surjan estados más profundos de consciencia meditativa.

Durante una de nuestras visitas a Sri Lanka recibimos una llamada telefónica de unos monjes compañeros, bastante preocupados, que nos pidieron que asistiésemos a un retiro de meditación que estaban llevando a cabo. Experimentaban ciertas dificultades con los participantes del retiro, los cuales habían decidido seguir su propio programa de práctica y eran reacios a aceptar ningún consejo por parte de los monjes. El grupo en cuestión participaba en un retiro de meditación de dos semanas de duración y estaba compuesto por aproximadamente quince personas que habían viajado desde la India y que habían meditado, por su propia cuenta, durante muchos años. En nuestra primera reunión, los participantes nos informaron de que, cuando practicaban meditación formal, seguían la norma de no efectuar siquiera el más leve movimiento corporal, pudiendo permanecer de esa manera sentados durante horas.

Poco después de nuestra llegada al centro de meditación, llegó el momento de la meditación vespertina. Los participantes del retiro nos pidieron que diésemos una charla de Dharma (es decir, enseñanzas) una vez concluida la meditación. Entonces nos sentamos tranquilamente en el fondo de la sala de meditación a observar al grupo mientras meditaba. El gong sonó para marcar el comienzo de la sesión y, tal como habían dicho, los participantes se sentaron tan inmóviles que parecían estatuas. Esto duró unos treinta minutos, pero, como hacía un calor sofocante dentro de la sala, decidimos levantarnos en silencio y abrir la puerta y las ventanas. Poco después, un viejo perro vagabundo entró y se puso a explorar la sala de meditación. El perro, que olía bastante mal, empezó a olfatear (y, en algún caso, a lamer los brazos) a algunos de los participantes que se hallaban sentados sobre cojines en el suelo.

Durante los primeros cinco minutos después de entrar, los participantes trataron de mantener la compostura sin permitir que el perro los molestase. Sin embargo, no pasó mucho tiempo antes de que empezaran a rascarse, temblar, toser, ajustar su posición y agitarse visiblemente. Casi se podían escuchar sus pensamientos: «Este perro apesta y es muy probable que esté lleno de pulgas. Me pregunto si los perros callejeros en Sri Lanka tienen rabia. ¿Qué pasa si me muerde? Sin duda tendré que acudir al hospital. Dios mío, está muy cerca de mi cara. Voy a tener que ahuyentarlo con la mano. ¿Quién es el idiota que ha abierto la puerta? ¿Qué idiota ha inventado esta regla de no moverse? En cuanto termine esta tortura, me daré una ducha y me desinfectaré los brazos».

En medio de toda esta agitación física y mental, de repente sonó el gong para señalar el final de la sesión de meditación. Tan pronto como los participantes salieron de la sala, exigieron saber quién había abierto la puerta y arruinado su práctica de meditación, dejando entrar a un «perro estúpido y viejo». Les informamos que habíamos sido nosotros los que habíamos abierto la puerta y les indicamos amablemente que, si hubieran meditado correctamente, el perro no habría interferido con su práctica. Les dimos nuestra opinión acerca de que es la mente y no el cuerpo la que debe permanecer en quietud durante la meditación. Luego les indicamos a los participantes que no estaban haciendo un uso productivo de su tiempo durante la meditación, y que debían recomenzar desde el principio. También les informamos de que, en lo referente a impartir una charla de Dharma, el perro les había proporcionado una lección mucho más valiosa que la que podríamos ofrecer durante una hora de charla. Asimismo manifestamos nuestra opinión de que el perro que consideraban «viejo» y «estúpido» podría ser su mejor maestro.

Luego nos fuimos, aunque nos preocupaba un poco que pudiéramos haber sido demasiado duros. Sin embargo, unos días después recibimos una llamada telefónica del monje que supervisaba el retiro, quien nos informó que la actitud de los participantes y el ambiente general del retiro habían mejorado mucho. Durante esa llamada telefónica, también nos interesamos por el paradero y el bienestar del perro, pero el perro era completamente desconocido para la gente del templo y de las aldeas locales, y nadie había vuelto a verlo desde que abandonó la sala de meditación en el momento en que sonó el gong.

Ser productivo durante la meditación

El punto de partida para que la práctica de la meditación –en especial durante las etapas iniciales– sea productiva es adoptar una buena postura corporal. Como ya hemos mencionado en el capítulo 3, una postura física encorvada tiende a hacer que también la mente se encorve, mientras que una postura corporal demasiado tensa y rígida suele propiciar la agitación mental. Al dirigir retiros de meditación, algo que vemos con frecuencia en los primeros días es que las personas que acuden a meditar se sientan rígidamente, con la espalda muy recta y con un semblante tan frío como el hielo. En cierta ocasión en que ocurrió esto, les pedimos a los participantes del retiro que volviesen a sus habitaciones y retornasen cuando se sintiesen más alegres y más relajados; también les dijimos que considerasen la posibilidad de sonreír de vez en cuando.

Así pues, la postura correcta para la meditación debe ser estable, es decir, ni demasiado rígida ni demasiado floja. La estabilidad puede conseguirse sentándose en posición vertical en una silla o en un cojín de meditación. Cuando nos sentamos a meditar, tenemos que estar erguidos y mantener la postura pero sin tensión. La analogía que solemos utilizar para explicar la postura correcta de meditación es la de una montaña. Una montaña tiene una presencia definida, erguida y estable pero, al mismo tiempo, carente de tensiones. Una montaña no tiene que esforzarse en mantener su postura, sino que está relajada, satisfecha y profundamente arraigada en la tierra.

Tras haber adoptado una postura física adecuada, lo siguiente que hay que hacer es permitir, de la manera más natural posible, que la mente profundice en la meditación. Tenemos que prestar atención suavemente a la respiración, sin forzarla de ninguna manera, y permitiendo que la mente empiece a relajarse y abrirse. No debemos albergar la expectativa de que la sesión de meditación sea particularmente gratificante, o que dé lugar a alguna experiencia profunda, sino que dejamos que la sesión avance a su propio ritmo. Algunas sesiones de meditación pueden parecer más gratificantes que otras. Eso está muy bien, pero tratamos de no juzgarlas y tan solo nos centramos en ser conscientes de lo que tenemos ante nosotros.

A medida que la mente va serenándose y recogiéndose, la consciencia meditativa crece y se expande. De ese modo, sin perder la consciencia de la inspiración y la espiración, también somos conscientes del cuerpo y de todo lo que ocurre en su interior. Somos conscientes del ascenso y descenso de los pulmones, de los latidos del corazón y de la sangre que late a través de las venas. Somos conscientes del peso del cuerpo y de la zona en la que contacta con el asiento o el cojín de meditación que tenemos bajo nosotros. Permitimos con amabilidad que la consciencia impregne cada célula del cuerpo y que el cuerpo se sumerja en la calma meditativa. Inspiramos siendo plenamente conscientes del cuerpo y espiramos permitiendo que el cuerpo se relaje.

Así pues, con el cuerpo bien asentado y sumergido en la calma meditativa, permitimos que la consciencia meditativa se expanda aún más. El cuerpo no es una entidad aislada, sino que se halla profundamente conectado con la tierra y con el resto de los fenómenos. Por tanto, tratamos de seguir la respiración y de acompañarla cuando sale del cuerpo, sabiendo que la respiración se mezcla con el aire que hay a nuestro alrededor y se extiende en todas direcciones. Asimismo, sabemos que, a cada momento, el cuerpo procesa y digiere la última comida que hemos tomado y que esa comida procedía de la tierra y formaba parte de ella; pero ahora está en nuestro cuerpo, es decir, la tierra se ha transformado en nosotros mismos. En consecuencia, cuando expandimos nuestra consciencia meditativa para abarcar el cuerpo, debemos sentir y ser conscientes de que nuestro cuerpo es, de hecho, toda la tierra. Inspiramos entonces, siendo plenamente conscientes de la tierra, y espiramos permitiendo que la tierra se relaje.

Tras afianzar la consciencia de la respiración y la consciencia del cuerpo, empezamos a asentarnos en la consciencia de las sensaciones, pensamientos y otros procesos mentales. Eso no significa que nos olvidemos de la consciencia del cuerpo y la respiración, sino tan solo que estos se desplazan un poco al fondo para que redirijamos nuestro foco. Mientras practicamos la consciencia de las sensaciones y de los movimientos mentales, todo lo que tenemos que hacer es darnos cuenta de ellos. En este punto, no hay necesidad de investigarlos, sino simplemente de mantenerlos con cuidado en la consciencia meditativa. Inspiramos plenamente conscientes de las sensaciones y pensamientos, y espiramos permitiéndoles relajarse.

Cuando observamos la respiración, el cuerpo, las sensaciones y los pensamientos, estos comienzan a calmarse y a disminuir poco a poco. Esto es algo que no debemos intentar forzar, sino que ocurre de manera natural. Exponer el cuerpo y la mente a la consciencia meditativa crea mucho espacio psicológico, tanto en nuestro interior como a nuestro alrededor, y podemos permanecer en este espacio durante un periodo tan breve o prolongado como deseemos. A medida que vayamos adquiriendo más experiencia en la meditación, se tornará más fácil asentarnos en este espacio.

A la postre, arribamos a un punto en el que los sentimientos de calma producidos durante la meditación se vuelven muy intensos. Este es un buen momento para empezar a investigar la mente y el modo en que existimos realmente, tanto nosotros como los fenómenos que nos rodean. Sin embargo, por ahora, limitaremos la exposición a serenar el cuerpo y la mente. Exploraremos un poco más adelante la práctica de la meditación analítica o de indagación.

Mantener la consciencia meditativa

No solo es maravilloso y revitalizante experimentar la genuina serenidad meditativa, sino que es algo muy distinto a lo que la mayoría de la gente entiende que significa estar quieto y tranquilo. Sin embargo, a pesar de la profunda paz a la que podemos acceder durante la meditación sedente, la práctica de la meditación no se detiene cuando concluye la sesión. De hecho, es al apagar las velas y levantarnos del cojín o la silla cuando empieza realmente la práctica de la meditación. Por eso, debemos tratar de no crear una separación entre las sesiones formales de meditación y la vida cotidiana. El objetivo es mantener la consciencia meditativa viajando en un tren atestado, escribiendo en el ordenador, viendo la televisión o jugando con nuestros hijos. Por esta razón, algunos maestros de meditación dicen a sus estudiantes que lleven consigo sus cojines de meditación en todo momento (¡un consejo que no debe ser tomado literalmente!).

Para algunas personas, los «recordatorios de mindfulness» pueden ser una herramienta útil que les ayude a integrar la práctica del mindfulness en la vida cotidiana. Un ejemplo de un recordatorio del mindfulness es una campana o el pitido de un reloj, que puede ser utilizado como un dispositivo para devolver amablemente la consciencia al momento presente y al flujo natural de la inspiración y espiración (así como al espacio y tiempo que hay entre cada inspiración y espiración). También hay aplicaciones de recordatorio del mindfulness que se pueden descargar en el ordenador o en el teléfono móvil y que reproducen a intervalos predeterminados (por ejemplo) el sonido de un cuenco.

Hace unos diez años, vivíamos en un monasterio budista ubicado en el Parque Nacional Snowdonia, en el norte de Gales. Había varios perros de rescate en el monasterio, incluyendo un pequeño mestizo de pelo color de jengibre llamado Vajra. Vajra estaba con nosotros desde que era un cachorro y se había familiarizado con la práctica de que todo el mundo dedicase unos momentos a parar y respirar cada vez que sonaba el reloj. Más o menos durante su segundo cumpleaños, Vajra comenzó a unirse a la práctica y también efectuaba una pausa durante un breve periodo cuando sonaba el reloj. Cuando la gente visitaba el monasterio, a veces olvidaban que utilizábamos como recordatorio de mindfulness el reloj y seguían hablando o andando. En ocasiones, cuando esto sucedía, Vajra les ladraba, parecía que les decía que volviesen a su respiración y al momento presente.

En lugar de avisos audibles, algunos practicantes de mindfulness prefieren un recordatorio menos sensorial, como un simple acrónimo. Un buen ejemplo es la técnica SOS que hemos presentado al final del capítulo 2. De ese modo, lanzamos un SOS (Stop. Observa la respiración. Serénate y vigila tu mente) en el momento en que surgen en la mente pensamientos intrusivos. Sin embargo, aunque este tipo de recordatorios puedan ser útiles, no es obligatorio utilizarlos. Si nos funcionan, es genial, pero si no lo hacen, no debemos preocuparnos, puesto que solo sirven en ciertos casos.

Existen muchas pruebas científicas que apoyan el enfoque de mantener la consciencia meditativa mientras llevamos a cabo diferentes actividades. Por ejemplo, en la literatura psicológica hay un concepto conocido como «mindfulness disposicional». En lugar de una experiencia temporal que concluye al final de una determinada sesión de meditación, el mindfulness disposicional se refiere al grado natural o permanente de mindfulness que tiene la persona. Por consiguiente, en ocasiones se hace referencia al mindfulness disposicional no como el nivel de «estado» del mindfulness que muestra el individuo, sino como el nivel de «rasgo». Los estudios demuestran que las personas con un elevado grado de mindfulness disposicional son menos propensas a verse desbordadas por la ansiedad o las situaciones estresantes de la vida. De manera similar, en nuestra propia investigación, basada en la intervención del Meditation Awareness Training (MAT), de ocho semanas de duración, quienes consiguen integrar la práctica del mindfulness en la vida cotidiana tienden a ser los que muestran mejoras más ostensibles en los niveles generales de bienestar psicológico y espiritual.

Solo existe un tipo de mindfulness

Tanto en el contexto psicológico occidental como en el budista tradicional se han desarrollado técnicas de mindfulness destinadas a ser practicadas en entornos específicos o mientras se llevan a cabo determinadas actividades. Por ejemplo, algunas tradiciones budistas abogan por que los individuos practiquen la «meditación del comer», el «paseo meditativo», la «meditación sedente» y la «meditación en el trabajo». De igual modo, en el campo de la psicología, existen numerosas intervenciones basadas en el mindfulness y centradas en la aplicación terapéutica del mindfulness para las personas aquejadas de estrés (como, por ejemplo, la reducción del estrés basado en el mindfulness), depresión (terapia cognitiva basada en el mindfulness), trastornos alimentarios (terapia de consciencia alimentaria basada en el mindfulness), trastornos por el uso de sustancias (prevención de recaídas basada en el mindfulness) y problemas relacionados con el trauma (*fitness* mental basado en el mindfulness). Asimismo, se han desarrollado intervenciones a partir del mindfulness que no están necesariamente destinadas a tratar problemas de salud mental (por ejemplo, intervenciones para ayudar a las personas a afrontar el parto y la crianza de los hijos, o a destacar como líderes empresariales, etcétera).

No cabe duda de que es valioso disponer de diferentes técnicas de mindfulness para propósitos específicos. No obstante, las numerosas técnicas e intervenciones existentes podrían dar la impresión de que existen distintos tipos de mindfulness. Sin embargo, el Buddha enseñó solo un tipo de mindfulness. Por tanto, cuando estamos trabajando y decidimos almorzar, no ocurre que termina nuestra «meditación en el trabajo» y empieza nuestra «meditación del comer», sino que, más bien, llevamos con nosotros la misma práctica de mindfulness dondequiera que vayamos.

Exactamente el mismo principio se aplica al uso del mindfulness para responder a los sentimientos de estrés, ira, depresión u otros estados de ánimo negativos. Así pues, en lugar de alternar entre las diferentes formas de mindfulness, simplemente nos ocupamos de nuestra respiración y de todo lo que se mueva en nuestro campo de consciencia. El peligro de dividir el mindfulness en diferentes tipos de práctica es que siempre veremos el mindfulness como una «práctica», es decir, como algo externo que aplicamos en situaciones particulares.

La tendencia que considera el mindfulness como una «práctica externa» es una de las principales razones por las que solemos desaconsejar que se establezca una rutina rígida de práctica meditativa. Hay quien nos dice que practica la meditación exactamente a la misma hora cada día. Dedican un periodo a meditar por la mañana y otro periodo a meditar por la noche. Tal vez haya individuos que necesiten este tipo de estructura fija, pero la verdad es que cada día es diferente del anterior. Siempre ocurren cosas inesperadas y tenemos que ser dinámicos y capaces de responder a las situaciones a medida que aparezcan. Uno de los problemas que acarrea dedicar periodos fijos a la meditación es que, si por alguna razón, nos saltamos una sesión, podemos sentirnos poco faltos de preparación, irritables o desorientados. Dicho de otro modo, existe el riesgo de que nos volvamos dependientes de la rutina, sin prestar atención a los beneficios reales de llevar nuestro cojín con nosotros a lo largo de la jornada.

Un colega nuestro, el profesor Mark Griffiths, es un destacado experto en adicciones conductuales. Llevamos a cabo un programa de investigación con el profesor Griffiths, examinando las aplicaciones de mindfulness en el tratamiento de individuos adictos al trabajo o al juego.[5] Aunque los hallazgos preliminares (principalmente de estudios de casos clínicos) muestran que la consciencia atenta es, durante una etapa concreta del tratamiento, eficaz en la adicción conductual, también existen pruebas que sugieren que algunos participantes se vuelven ligeramente dependientes de su rutina de meditación. En otras palabras, sustituyen su adicción al trabajo, o al juego, por la adicción a la meditación. Se podría argumentar que la adicción al trabajo y al juego es una «adicción negativa», mientras que la adicción a la meditación es «positiva». En términos relativos, esto es probablemente correcto, pero volverse dependiente de la meditación impide, a largo plazo, cualquier progreso espiritual.

Por supuesto, no estamos diciendo que haya algo malo en establecer una rutina diaria de práctica meditativa, sin embargo, debemos tratar de ser flexibles y no aferrarnos a dicha rutina. Una madre no puede decirle a su bebé, que se ha despertado más temprano de lo normal, que deje de llorar y espere hasta que termine de meditar. Tiene que adaptarse y trabajar con lo que sucede a su alrededor. Lo que queremos es llegar a un punto en que el mindfulness sea parte de lo que somos, es decir, algo que encarnamos y expresamos de manera natural. Aunque eso tarde un tiempo en desarrollarse, si empezamos con la actitud correcta, podemos evitar caer en hábitos que causen problemas posteriormente y se conviertan en un obstáculo en el futuro.

La intención correcta

A medida que avanzamos por el sendero del guerrero atento, es fácil caer en el hábito de culparnos a nosotros mismos porque creemos que no practicamos lo suficiente, o porque pensamos que avanzamos demasiado despacio. De manera parecida, algunas personas experimentan periodos en los que su nivel de energía es bajo, o en los que flaquea su motivación para seguir adelante. En momentos como esos, es bueno tomar distancia y recordar en qué consiste recorrer el sendero del guerrero atento.

Hemos decidido seguir este camino por algunas razones muy sencillas. Es probable que la razón más importante sea que hemos comprendido que seguir viviendo nuestra vida como si fuese una telenovela no nos conduce a ninguna parte. Antes de embarcarnos en el camino del guerrero atento, y mientras aún nos encontrábamos atrapados en nuestra telenovela personal, sentimos o comprendimos, quizá de manera intuitiva, que había una forma diferente de vivir. Empezamos a darnos cuenta de que es posible alcanzar un estado en el que no exista el sufrimiento.

Otra razón que puede inspirarnos a entrar en el camino del guerrero atento es percibir el sufrimiento ajeno y querer hacer algo al respecto. Son numerosas las personas, entre ellas muchas que siguen inmersas en sus propias telenovelas, que se sienten motivadas a dedicar parte de su tiempo a ayudar a reducir el sufrimiento en el mundo. Aunque, en muchos aspectos, esto sea muy loable, sin embargo, debemos ser conscientes de nuestra motivación. ¿Trabajamos para el beneficio de los demás o bien para sentirnos mejor con nosotros mismos?

Cuando nos comprometemos a ayudar a los demás sin haber trascendido nuestro ego, el bien que podemos hacer es muy limitado. Es poco probable que las personas inmersas en el sufrimiento (y que, por tanto, todavía tienen que trascender el ego) sean capaces de adoptar decisiones sabias en cuanto a lo que es mejor para el bienestar a largo plazo de otros. Mientras nuestro ego siga formando parte de la ecuación, es difícil que seamos completamente incondicionales cuando hacemos algo por otras personas, sino que siempre habrá algún tipo de interés personal implícito que determine a quiénes ayudamos y cuánto los ayudamos. La interferencia del ego tiende a actuar como una barrera, impidiendo que se produzca una verdadera interacción, de corazón a corazón, entre los seres humanos.

Por tanto, el guerrero atento entiende que, si de verdad quiere ayudar a otros, primero debe ayudarse a sí mismo. En todas las etapas de su viaje, incluso desde el mismo principio, puede brindar su ayuda y bondad a los demás. Sin embargo, al entender la importancia que tiene tanto su propio camino como ayudar a la gente a experimentar una felicidad incondicional, y no temporal, el guerrero atento evita verse abrumado y consumido por el sufrimiento de otras personas.

Cuando abordamos las prácticas de meditación y mindfulness con la intención subyacente de contribuir a que nosotros mismos y los demás superemos de manera permanente el sufrimiento, nuestras razones para recorrer el camino del guerrero atento son claras y sencillas. Si nos sentimos confundidos acerca de lo que hacemos y de por qué lo hacemos, podemos tomar distancia, efectuar algunas respiraciones conscientes y recordar nuestra intención original. Cuando nos tomamos el tiempo necesario para afianzarnos a nosotros mismos de esta manera, la vida y la práctica espiritual se vuelven de nuevo simples y directas. Recordamos que nacemos, vivimos durante un breve periodo y luego morimos. Al evocar esta sencilla verdad, también recordamos que hemos elegido valerosamente dedicar nuestro tiempo restante en este mundo a ayudarnos a nosotros mismos y a otros a crecer en sabiduría espiritual.

Cuanto más nos familiaricemos con esta intención subyacente de progresar (y ayudar a otros a progresar) espiritualmente, más impregnará nuestro ser. A la larga, llegará un momento en que esta intención se tornará tan clara que ya no hará falta siquiera que pensemos en ella. Se transformará en parte de lo que somos y, sin reparar conscientemente en ello, cada uno de nuestros pensamientos, palabras y acciones se impregnará de consciencia espiritual, dulzura y bondad amorosa. Todo lo que hagamos se tornará significativo porque procederá de la «intención correcta» en el centro de nuestro ser. A esas alturas en el camino del guerrero atento, habremos aprendido a «llevar nuestro cojín de meditación» con nosotros en todo momento. Hasta cierto punto, la consciencia espiritual se volverá autosuficiente. Cuando esto suceda, no existirá el remordimiento, porque todas las opciones y acciones serán correctas. Aunque todavía necesitemos aquilatar más experiencia en el arte de canalizar la consciencia espiritual para que beneficie realmente a los seres, a todos los efectos y propósitos todas nuestras acciones serán fundamentalmente positivas.

La libertad, el profundo sentido de satisfacción y la energía espiritual que se derivan del cultivo de la «intención correcta» es lo que intentamos expresar en el siguiente poema que escribimos, titulado «El vástago de la primavera»:[6]

Nutrido por la naturaleza,
en ella habito
con un corazón satisfecho
y sin nadie a quien decírselo.

Heredero del aire,
floto por encima de las nubes.

Hay tanta libertad, tanto gozo
más allá de prisas y multitudes.

Soy hijo del sol
brillando con pura luz.
Soy alegría sin fin
que ilumina la noche.

Vástago de la primavera,
vivo y consciente,
transmito la ley
sin miedo ni preocupación.

5. Una cuestión espiritual

En las últimas décadas, se han propuesto varias definiciones del mindfulness que, en nuestra opinión, obvian algunas de sus cualidades clave. Jon Kabat-Zinn, célebre instructor de mindfulness, se mostraba reacio, durante un debate mantenido con nosotros, a referirse al mindfulness como una facultad espiritual, prefiriendo definirla como una forma de «medicina cuerpo-mente». De igual modo, aunque en la literatura psicológica contemporánea aparece la expresión «meditación mindfulness», esa expresión no figura en la literatura canónica budista porque el mindfulness es una práctica que regula la concentración durante la meditación (es decir, el mindfulness no es una meditación en sí misma).

En fecha más reciente, hemos formulado la siguiente definición alternativa del mindfulness: *el mindfulness es el proceso de mantener una consciencia directa y activa de los fenómenos experimentados, la cual posee (1) una cualidad espiritual y (2) es mantenida momento a momento.*[7] Aunque esta definición del mindfulness sea cada vez más utilizada y citada en la literatura académica, su intención no es la de servir de definición absoluta. La presentamos principalmente con el propósito de recordar las raíces tradicionales budistas (y, por tanto, espirituales) del mindfulness.

En los *suttas* budistas, la «recta atención» es el séptimo factor de la enseñanza fundamental conocida como el Noble Óctuple Sendero. Inmediatamente después de la «recta atención» [recto mindfulness] viene la «recta concentración» (es decir, el octavo paso del Noble Óctuple Sendero), lo que en ocasiones se traduce como «recta meditación». Si el Buddha hubiese pretendido que el mindfulness fuese idéntico a la meditación, entonces, la lógica dictaría que no presentase el mindfulness y la meditación como dos aspectos separados del Noble Óctuple Sendero, sino que habría simplemente enseñado el «Noble Séptuple Sendero» en el que el mindfulness y la meditación se fusionasen en un solo elemento del camino. En consecuencia, en lo que se refiere a las enseñanzas budistas, el «recto mindfulness» no es «recta meditación» y «recta meditación» no es «recto mindfulness».

No obstante, aunque el budismo afirma que el mindfulness y la meditación son diferentes, ambas prácticas se hallan estrechamente vinculadas. Por ejemplo, para mantener la concentración meditativa en un objeto mental específico (como la respiración, el cuerpo o el momento presente en general), debemos utilizar el mindfulness para poder percatarnos cuándo la mente comienza a divagar y traerla de vuelta a su objeto de meditación. De igual modo, en ausencia de concentración meditativa, el mindfulness no sería posible porque el principal cometido del mindfulness es asegurarnos de que la concentración meditativa permanece intacta.

En el presente capítulo exploraremos cada uno de los términos clave presentados en nuestra anterior definición del mindfulness. Sin embargo, nos gustaría aclarar que nuestro propósito al hacerlo es el de fomentar la comprensión del mindfulness para ayudarnos a progresar en el camino del guerrero atento. Como ya hemos mencionado, desde la perspectiva budista y en un sentido técnico, el mindfulness se refiere simplemente al proceso de salvaguardar la concentración meditativa. Así pues, nuestra descripción previa del mindfulness es un tanto holística y pretende poner de relieve que es una práctica que tiene lugar en el contexto de un proceso más amplio de desarrollo meditativo y espiritual. Por consiguiente, si nos agrada esta descripción del mindfulness, está muy bien, aunque debemos intentar no aferrarnos a ella. De igual modo, si nos parece una definición insatisfactoria, también es adecuado. Tan solo tenemos que considerarla (y la discusión que sigue) como materia de reflexión, y luego soltarla.

Consciencia plena

La *consciencia plena* se refiere a las facetas inclusivas y pasivas del mindfulness. Con el término «inclusivo» nos referimos a que, durante la práctica del mindfulness, debemos prestar atención a todo lo que penetra en el campo de nuestra consciencia. Podemos utilizar un «ancla de mindfulness», como la observación de la respiración, para estabilizar y recoger la mente. Sin embargo, en lugar de hacer de la respiración el foco exclusivo de la consciencia, la idea es utilizar la respiración para anclar la mente de modo que lleguemos a abrazar la profundidad y belleza completa del momento presente. Como ejemplifica el siguiente extracto del *Ānāpānasati Sutta*,[8] la consciencia plena significa que, sea lo que sea lo que hagamos, debemos esforzarnos en ser conscientes de nosotros mismos:

> De nuevo, el guerrero atento es aquel que actúa con consciencia plena cuando avanza y retrocede; actúa con consciencia plena cuando mira hacia delante y mira hacia los lados; actúa con consciencia plena cuando flexiona y extiende sus miembros; [...] que actúa con consciencia plena cuando come, bebe, consume alimentos y saborea; actúa con consciencia plena cuando defeca y orina; actúa con consciencia plena cuando camina, se pone en pie, se sienta, duerme, despierta, habla y guarda silencio.

En esencia, ser plenamente consciente significa despertar y prestar atención a todos los aspectos de nuestra existencia. Dondequiera que estemos y con independencia de lo que hagamos, debemos esforzarnos en ser plenamente conscientes de nuestro entorno interno y externo. De ese modo, toda nuestra vida se transforma en una gran práctica de consciencia meditativa. Entonces, las cosas vuelven a ser simples y directas. Podemos contemplar el panorama general, pero también vemos de qué modo cada fenómeno individual y cada movimiento mental contribuyen a dicho panorama. Debido a que somos conscientes de lo que sucede dentro y fuera de nosotros mismos, nunca estamos desorientados y siempre sabemos lo que tenemos que hacer.

Al contrario de lo que pueda parecernos, la «consciencia plena» nos ayuda a vaciar la mente. Podemos vaciar la mente porque ya no hay ambigüedad en cuanto a quiénes somos, qué debemos hacer, qué tenemos que decir o dónde debemos ir. Practicamos la plena consciencia de la vida tal como es aquí y ahora y experimentamos felicidad y satisfacción. Somos capaces de relajarnos porque vemos y entendemos que la vida, aquí y ahora, siempre es completa. Contiene todo lo que necesitamos sin que le falte nada.

Decimos que la consciencia plena es «pasiva» porque, cuando practicamos el mindfulness, no hace falta buscar cosas de las que ser conscientes. Simplemente observamos las experiencias fisiológicas, psicológicas y espirituales en el momento en que penetran en nuestra consciencia. Esta faceta de la práctica del mindfulness es amable, carente de artificios y acepta cada una de las experiencias que afrontamos. Si mientras estamos sentados en el jardín, un pájaro se posa en la rama de un árbol cercano y se pone a cantar, sonreímos y escuchamos cada nota de su canto. No tenemos que salir a buscar el pájaro ni esforzarnos en ver o escuchar lo que ocurre a nuestro alrededor. Si tratamos de practicar el mindfulness escudriñando y buscando activamente las cosas, no solo introduciremos tensión en nuestro ser, sino también en el ambiente y en las formas de vida que nos rodean. El pájaro percibirá que tratamos de forzar o cambiar el momento presente y se asustará y saldrá volando.

Como es fácil suponer, el *Ānāpānasati Sutta*, recién mencionado, no utiliza la expresión «guerrero atento». En su lugar, emplea la palabra «bhikkhu», que es un término pali, que significa «monje budista». Sin embargo, debemos leer las enseñanzas budistas de tal manera que podamos relacionarnos con ellas y facilite su asimilación. Por tanto, si nos sentimos más cómodos, es adecuado, cuando leamos los *suttas* budistas, intercambiar la palabra «bhikkhu» por la expresión «guerrero atento». Alternativamente, si lo deseamos, también podemos cambiar la palabra «bhikkhu» por algún otro vocablo que se adapte mejor a nosotros. Por ejemplo, podemos intercambiar la palabra «bhikkhu» para leer el *Ānāpānasati Sutta* del siguiente modo: «un padre atento actúa con consciencia plena cuando avanza y retrocede...»; o bien, «un líder de negocios atento actúa con consciencia plena cuando camina, se pone de pie, se sienta, se duerme, despierta, habla y se mantiene en silencio».

Consciencia directa

La *consciencia directa* se refiere a la cualidad del mindfulness relacionada con la visión profunda, lo cual significa que no existe un desfase o retraso entre nuestra experiencia de los fenómenos y la toma de consciencia de dicha experiencia. En otras palabras, el mindfulness no se ocupa de recordar los acontecimientos pasados, sino que implica ser plenamente consciente, en tiempo real, de todas las experiencias del momento presente. Se emplea la expresión «consciencia directa» para subrayar que, en todo momento, estamos profunda y directamente conectados con cada fenómeno. Eso también quiere decir que, a todos los efectos, cuando depositamos la consciencia meditativa en la respiración, nos convertimos en la respiración. Para el guerrero atento que cuenta con suficiente experiencia, no existe separación entre él y los fenómenos que lo rodean. Inspira comprendiendo que es el universo entero, y espira comprendiendo que nada existe «fuera» de él.

La consciencia directa, cultivada durante la práctica del auténtico mindfulness, es muy penetrante, es decir, analiza en profundidad los fenómenos y percibe sus verdaderas características subyacentes. El guerrero atento entiende que todos los fenómenos están sujetos a la transitoriedad y que no existen como entidades aisladas o independientes (algo que expondremos con mayor detalle en el capítulo 10). Al ser directamente conscientes de la naturaleza absoluta de los fenómenos, evitamos engañarnos a nosotros mismos y vernos engañados por otros individuos en cuanto al valor intrínseco de un determinado objeto, logro o situación. Dicho con otras palabras, algunas personas pueden tratar de convencernos de que aceptemos la idea de ser posesivos, tener éxito y acumular poder, sin embargo, dado que somos conscientes del modo de existencia último, tanto de nosotros como de todos los fenómenos, no nos desviamos del camino del guerrero atento.

Consciencia activa

La *consciencia activa* tiene que ver con la faceta del mindfulness relacionada con un comportamiento éticamente sano. En las definiciones contemporáneas del mindfulness, se utiliza con frecuencia la expresión «carente de juicios». Sin embargo, esta expresión podría sugerir que el practicante de mindfulness es indiferente y no juzga qué respuestas cognitivas, emocionales y conductuales resultan éticamente más apropiadas en una situación concreta. Pero el mindfulness no solo implica observar el momento presente, sino que requiere una participación activa en él. Por ese motivo, no existe contradicción al afirmar que el mindfulness posee componentes «pasivos» y «activos». El guerrero atento es «pasivamente activo» en el modo en que atiende al momento presente. Una vez que es experto en reposar su consciencia en el aquí y ahora, sus pensamientos, palabras y acciones se tornan sumamente poderosos. Aunque cabe precisar que los pensamientos, palabras y acciones de todas las personas tienen consecuencias de largo alcance, esto es particularmente cierto para los individuos que recorren el camino del mindfulness. El Buddha dijo en cierta ocasión: «Así como un loto fragante y agradable florece en un montón de basura al borde del camino, también en este cúmulo de basura de ciegos mortales, el discípulo del Iluminado supremo brilla con resplandeciente sabiduría».[9] Tal como sugieren estas palabras, es como si la práctica del mindfulness y el desarrollo espiritual puliesen los pensamientos, palabras y acciones del guerrero atento de tal manera que los hace brillar con gran intensidad. Ellos vierten luz en los oscuros recovecos de la mente y son particularmente poderosos en lo que se refiere a su potencial para propiciar cambios en las personas y en el ambiente que las rodea.

Practicando tanto la consciencia plena como la consciencia activa, como hemos descrito, el guerrero atento es profundamente consciente de lo que sucede en el presente. Tal vez no sea consciente de cada sonido o de cada movimiento que se produce en su entorno, pero es muy consciente del «sentimiento» del momento presente y en qué dirección se mueve. Sabe si la marea del presente sube o baja, conoce las intenciones subyacentes de aquellos con los que se relaciona y sabe cómo intervenir de tal manera que fomente el despertar y la comprensión en la mente y el corazón de las personas con quienes interactúa. Dado que está despierto a lo que ocurre aquí y ahora, el guerrero atento es capaz de responder con habilidad y sabiduría. En efecto, aprende a bailar y jugar con el momento presente y, casi sin proponérselo, su presencia fundamental infunde paz y armonía en su entorno.

Por tanto, la expresión «consciencia activa» implica que el mindfulness también tiene que ver con hacer juicios acerca de cómo trabajar con lo que sucede aquí y ahora. Significa que el auténtico practicante del mindfulness es alguien que se apasiona por el momento presente y que participa activamente en él. En resumen, la consciencia activa supone que, además de estar despierto a cada momento, existe la tremenda responsabilidad de responder con bondad, sabiduría y consciencia ética. De hecho, todos los seres humanos tienen esta responsabilidad, pero, como la mayoría de las personas no caminan ni viven con consciencia, no entienden cuál es dicha responsabilidad.

Fenómenos experimentados

La expresión *fenómenos experimentados* alude a la faceta «carente de esfuerzo» o «espontánea» del mindfulness. Significa que debemos tomar cualquier cosa que experimentemos aquí y ahora como objeto de la consciencia meditativa. Implica, en esencia, que el mindfulness es algo que debemos practicar y cultivar en todo momento. Como individuos que recorren el camino del guerrero atento, no debemos vernos limitados por la idea de que la meditación es algo con lo que nos comprometemos en determinados periodos, pero no en otros.

En el momento en que surgen experiencias, debemos tratar de llevarlas al camino e integrarlas en nuestra práctica meditativa. Si la mente está clara y tranquila, observamos esa experiencia y participamos en ella; pero hacemos exactamente lo mismo si la mente está en movimiento y agitada. En otras palabras, tratamos de la misma manera todo lo que encontramos y experimentamos. Entonces empezamos a experimentar todos los fenómenos como si tuviesen un mismo «sabor» o naturaleza subyacente. Dado que simplemente observamos la experiencia mientras esta se desarrolla ante nosotros, no importa si vamos o venimos, si ganamos o perdemos, si estamos ocupados o descansando. El espacio desde el cual nos observamos a nosotros mismos y al mundo que nos rodea se convierte en nuestro lugar de residencia permanente. Es como si estuviésemos sentados en el centro del universo contemplando los planetas transitar a través de su ciclo de formación, apogeo y disolución. Parece algo extraño de decir, pero, en un mundo donde todo es transitorio, comenzamos a experimentar un cierto grado de estabilidad, es decir, experimentamos de manera permanente la transitoriedad que hay a nuestro alrededor. Esta es una experiencia sumamente liberadora.

Cualidad espiritual

La expresión *cualidad espiritual* se refiere al carácter «compasivo» y «transpersonal» del mindfulness. Significa, en esencia, que la intención primaria para practicar el mindfulness es alcanzar el despertar espiritual tanto en uno mismo como en los demás. Es esta intención subyacente la que ayuda a distinguir el mindfulness de, por ejemplo, las técnicas psicológicas basadas en la atención y diseñadas para mejorar la concentración, el funcionamiento cognitivo o los niveles de bienestar psicosomático. Dicho de otro modo, «espiritual en aspecto» supone que el guerrero atento se implica en la práctica del mindfulness con el fin de superar de manera completa y permanente el sufrimiento. Significa que comprende que la capacidad de despertar a la sabiduría iluminada, la omnisciencia y la compasión incondicional residen en su propio ser. La expresión «cualidad espiritual» supone que el compromiso del guerrero atento con la práctica del mindfulness es inquebrantable y se deriva de la comprensión de que el yo, el nacimiento, la muerte y la ignorancia son conceptos que pueden ser trascendidos.

Como parte del uso de las técnicas de mindfulness en diferentes entornos de aplicación, parece que algunos instructores son reacios a utilizar el término «espiritual» en su descripción de la práctica. Es presumible que sus motivos para no hacerlo se deban a que creen que tanto las instituciones como el gran público asignan connotaciones negativas a la palabra «espiritual». Sin embargo, en determinados casos y a pesar de evitar utilizar el término «espiritual», esos mismos individuos describen las técnicas de atención que enseñan como una derivación del Dharma budista. *Dharma* es un término sánscrito que, en el contexto al que aquí se hace referencia, significa «enseñanza budista».

Por tanto, algunos instructores de mindfulness advierten a la gente, por un lado, de que sus técnicas no son espirituales, pero, por otro lado, les informan de que enseñan una técnica procedente de las enseñanzas budistas.[10] En nuestra opinión, ello no hace sino transmitir un mensaje muy confuso y engañoso.

Si las técnicas contemporáneas de mindfulness encarnan verdaderamente el Dharma budista, entonces, son, por defecto, de naturaleza espiritual. En consecuencia, creemos que el mejor enfoque es mostrarse transparente y honesto en este sentido. Si algo es espiritual, llamémoslo de ese modo. No debemos tener miedo a utilizar esa palabra. Las investigaciones ponen de relieve cada vez más que la práctica del mindfulness es beneficiosa para la salud. Así pues, si es posible mostrar que enfoques espirituales –como el mindfulness– se ven apoyados por la evidencia empírica, la gente se sentirá cada vez más cómoda usando el término «espiritual» y participando en actividades espirituales. Sin embargo, si los investigadores y científicos evitan referirse al mindfulness y otros tipos de prácticas meditativas basadas en la evidencia como espirituales, entonces, lo espiritual seguirá siendo un término «tabú».

Nos entristece mucho que las personas intenten ignorar u olvidar que su ser contiene una faceta espiritual. La espiritualidad es parte de qué y quiénes somos. Nos guste o no, y lo sepamos o no, todo lo que hacemos es un acto espiritual. Nuestros pensamientos, palabras y acciones influyen en la felicidad a largo plazo de todos los seres y fenómenos del universo. Y también influyen en quienes somos ahora y en quienes seremos en el futuro. Observarnos a nosotros mismos viviendo y participando en el momento presente y ser conscientes de cómo interactuamos con el mundo no son sino actos espirituales. El guerrero atento sabe esto y no tiene miedo de llamarse a sí mismo una persona espiritual, o de afirmar que el mindfulness es una práctica espiritual.

Mantenida momento a momento

Mantenida momento a momento se refiere a la faceta «continua» del mindfulness. Significa que el guerrero atento debe aspirar a mantener día y noche el flujo ininterrumpido de la consciencia. El Buddha señaló en cierta ocasión que, al igual que tras arder a lo largo del día, una hoguera sigue humeando y generando cenizas durante la noche, el grado de calma y consciencia experimentado por la mente cuando estamos dormidos se ve influenciado en buena medida por el grado de calma y consciencia que experimentamos en nuestras horas de vigilia. Dicho de otro modo, si nos sentimos estresados y agitados durante el día, lo más probable es que también estemos estresados y agitados durante el sueño. Por el contrario, si conseguimos cultivar durante el día un intenso grado de serenidad y consciencia meditativa, esta consciencia tenderá a permanecer con nosotros cuando durmamos. De hecho, algunos practicantes budistas muy experimentados afirman que son capaces de mantener la plena consciencia meditativa mientras sueñan (lo que no debe ser confundido con la noción de sueño lúcido propia de la psicología occidental).

Existen ciertas técnicas que pueden aplicarse para tratar de inducir el sueño meditativo. Sin embargo, no tenemos que preocuparnos por ellas de momento. En su lugar, debemos centrarnos en mantener la consciencia meditativa a lo largo de todo el día, permitiendo que dicha consciencia se expanda al sueño de la manera más natural posible. Podemos facilitar este proceso de «desbordamiento» practicando la meditación inmediatamente antes de acostarnos y tratando de mantener la consciencia meditativa mientras dormimos.

Cada noche, antes de acostarte, trata de dedicarte un tiempo a ti mismo. Siéntate en una silla en el dormitorio o al lado de la cama y practica diez minutos de atención a la respiración. Intenta no pensar en el día que ha transcurrido o en lo que te espera mañana. Simplemente permanece sentado en una postura relajada, pero estable, disfrutando de estar presente contigo mismo. Cuando estés preparado, y mientras mantienes el mindfulness, deslízate suavemente bajo las sábanas y adopta la postura que te resulte más cómoda para dormir. Sigue observando tu respiración fluir hacia dentro y hacia fuera. Observa los pulmones mientras ascienden y descienden. Percibe cualquier sensación de cansancio en el cuerpo, pero, al mismo tiempo, cobra consciencia de la sensación de satisfacción que experimentas porque el cuerpo puede finalmente disfrutar de la oportunidad de descansar. Inspira y siéntete en calma; espira y siente satisfacción. Tras haber invertido unos minutos en mantener el cuerpo en la consciencia, intenta prestar atención a tus pensamientos. Observa cómo aparecen de pronto en la mente, a veces sin ningún vínculo con el pensamiento anterior. Sin embargo, recuerda que no debes alimentar o retener tus pensamientos. Tan solo permíteles que «brillen» en el espacio de la mente. De ese modo, los pensamientos empiezan a comportarse como estrellas fugaces, es decir, como bellos acontecimientos que surgen y se disuelven rápidamente. Si puedes observar tus pensamientos –uno tras otro–, significa que tu práctica progresa perfectamente, y estamos seguros de que también disfrutarás de una noche de sueño reparador.

El mindfulness auténtico

Al incluir cada uno de estos aspectos del mindfulness en nuestra práctica cotidiana, nos convertiremos en poderosos practicantes de meditación. No habrá peligro de que nos distraigan las preocupaciones triviales, ni de que nos apartemos del camino que conduce a la libertad y la sabiduría trascendente. En la actualidad, hay una gran publicidad en torno al mindfulness, y son muchas las personas que muestran interés por él. Sin embargo, al no comprender la profundidad y las diversas cualidades que hacen del mindfulness algo tan completo y eficaz, muchas de esas personas llegan a un punto en el que terminan preguntándose el porqué de tanto ruido. Entonces se cansan del mindfulness y empiezan a buscar la siguiente solución instantánea.

La diferencia entre el guerrero atento y otros practicantes del mindfulness es que el primero es absolutamente sincero en la forma en que encarna y practica el mindfulness. Está absolutamente arraigado en el momento presente y en el reconocimiento de que aspira a la iluminación. Al guerrero atento no le importa si el mindfulness es popular o impopular, y tampoco se deja engañar por las palabras carismáticas. Es muy consciente, de un modo íntimo y experiencial, de las facetas más sutiles del mindfulness, viviendo su práctica con total resolución. El guerrero atento está aquí y ahora al cien por cien.

Una verdad cercana

Nos gustaría concluir este capítulo con un *vajragiti* que escribimos titulado «Una verdad cercana».[11] Este *vajragiti* alude a algunos de los aspectos más sutiles del mindfulness y la práctica espiritual. Si practicamos el mindfulness para llegar a alguna parte u obtener algo, esto es algo que está demasiado orientado hacia el yo y que nos impedirá percibir la verdad que se halla directamente ante nosotros. Sin embargo, si nos aproximamos al mindfulness con una actitud carente de egoísmo, observando profundamente el momento presente y haciendo de él nuestro hogar, no pasará demasiado tiempo antes de que el presente se nos muestre tal como realmente es.

Como el descanso que sucede
al despertar de una pesadilla.

Como la tranquilidad de un general sitiado,
que reconoce que los asaltantes son sus propias tropas.

Como el alivio que surge al darse cuenta de que la serpiente
era, todo el tiempo, solo un trozo de cuerda vieja.

Como el placer del desesperado buscador de tesoros,
que, al volver a casa, descubre la riqueza enterrada en ella.

Oh, yo que me has esclavizado durante tanto tiempo,
ahora me he sacudido las cadenas de la ignorancia,
y entro en la morada feliz del no retorno.

6. La mente adhesiva

¿Alguna vez has llevado a cabo una actividad hasta el punto de que, al cerrar los ojos, sigues viendo imágenes relacionadas con lo que estabas haciendo? Un ejemplo de ello sería cuando pasamos todo el día en la playa observando las olas y, cuando cerramos los ojos justo antes de dormir, vemos en nuestra mente el movimiento de las olas. La mente es una poderosa criatura que, como explicaremos en este capítulo, tiene la tendencia a absorber su entorno exterior. De hecho, cuanto más nos exponemos a determinados estímulos ambientales, psicológicos y espirituales, más asimila la «energía» básica de esos estímulos. Por eso, las enseñanzas budistas aconsejan que tengamos mucho cuidado, siempre que sea posible, en la elección de nuestros amigos, medio de vida y lugar de residencia. Por ejemplo, en un texto budista clave conocido como el *Dhammapada*, se recoge que el Buddha enseñó: «Si un buscador no encuentra un compañero que sea mejor o igual que él, es mejor que permanezca en soledad; el necio no proporciona compañía».[12]

Es bien sabido (y de bastante sentido común) que el modo en que se desarrolla la mente se ve influenciado por el tipo de estímulos y condicionamientos a los que está expuesta. Este es el principio fundamental que subyace a las nociones de condicionamiento «clásico» y «operante» en la psicología contemporánea. En el caso del condicionamiento clásico, una respuesta conductual involuntaria (como la sensación de hambre) es desencadenada por un estímulo concreto (como, por ejemplo, el olor a una comida deliciosa cocinada en el horno). En el caso del condicionamiento operante, un estímulo concreto (la sensación de hambre) desencadena una respuesta conductual voluntaria (cocinar algo para comer). También es bien sabido en psicología que las condiciones ambientales, sociales y psicológicas a las que una persona se ve expuesta, durante la infancia y la adolescencia, influyen de modo significativo en el riesgo de desarrollar un problema de salud mental en su vida posterior. Sin embargo, la cualidad absorbente de la mente a la cual nos referimos y que discutimos en este capítulo es mucho más inmediata y directa que aquello que la psicología contemporánea entiende y enseña acerca de este particular.

La psicología actual acepta que la mente y el comportamiento de las personas son condicionados por los estímulos ambientales y psicológicos que encuentran. Pero lo que nosotros decimos es que la mente no solo se ve condicionada por su entorno externo, sino que en realidad «absorbe» dicho entorno. Tal vez la noción más cercana en la psicología contemporánea a la cualidad mental a la que nos referimos sea el *Game Transfer Phenomena* [fenómeno de transferencia del juego], una condición experimentada por algunos jugadores habituales de videojuegos que muestran signos de jugar durante su tiempo de inactividad (es decir, cuando participan en otras actividades). El *Game Transfer Phenomena* fue identificado por algunos colegas investigadores de la Universidad Nottingham Trent (como la doctora Angélica Ortiz de Gortari y doctor Mark Griffiths), y el tipo de síntomas que han detectado incluyen activaciones motoras automáticas (tales como impulsos y reflejos involuntarios), pensamientos intrusivos relacionados con el juego y ciertas experiencias pseudoalucinatorias, como ilusiones ópticas.

Lo que proponemos, y lo que parecen apoyar investigaciones científicas como la anterior, es que la mente, incluso en la edad adulta, es «adhesiva». Es como si cada cosa que hacemos y experimentamos dejara una huella o una sombra en ella. Y, dependiendo de la frecuencia con la que revivamos esa experiencia (ya sea repitiéndola o simplemente pensando en ella), la impresión se vuelve mucho más profunda, o bien empieza a desvanecerse (aunque sin desaparecer por completo). Ciertos sucesos en nuestra vida causan una enorme impresión en la mente y dejan una huella indeleble en ella tras una sola exposición. Un ejemplo podría ser la experiencia traumática única que los individuos reviven (y, por tanto, refuerzan psicológicamente) incluso después de muchos años de ocurrido el acontecimiento. Otros sucesos y experiencias, como escuchar y asimilar enseñanzas espirituales, podrían requerir una mayor exposición, durante un periodo más largo, antes de que finalmente dejen una huella profunda en la mente.

A medida que vamos viviendo, la cualidad adhesiva o absorbente de la mente implica que terminamos recogiendo un número increíblemente grande de huellas mentales. Dependiendo de si experimentamos como agradables o desagradables las situaciones que contribuyeron a formar estas impresiones, estas nos llevan a desarrollar apegos o aversiones hacia determinadas situaciones, objetos y energías. Por ejemplo, si hubo un tiempo en nuestra vida en el que experimentamos una sensación de excitación, camaradería y evasión consumiendo alcohol con nuestros amigos, podemos desarrollar apego a esta experiencia y tratar de repetirla muy a menudo. Por el contrario, si beber alcohol con nuestros amigos no nos ha resultado una experiencia placentera, entonces, es muy posible que desarrollemos aversión hacia esta experiencia y prefiramos no participar en encuentros sociales de esta índole.

Familiarizarse con el proceso de cómo se forman las impresiones mentales, y la cualidad absorbente y adhesiva de la mente en general, es clave para entender la naturaleza del sufrimiento. El sufrimiento es una condición inherente a la existencia humana. Sufrimos porque nacemos. Sin embargo, cuando entendemos con claridad por qué aparece el sufrimiento, podemos empezar a cambiar nuestra relación con él y utilizarlo como una herramienta para promover el desarrollo psicológico y espiritual. De hecho, quizá el factor más importante que determina la rapidez con la que una persona avanza en el camino del guerrero atento sea el grado en que es capaz de comprender y trabajar con el sufrimiento

La naturaleza del sufrimiento

El sufrimiento, como todas las cosas, es producido por causas. Si nos quemamos el dedo con una sartén caliente, existen diversos factores que desempeñan un papel causal en ello. La sartén caliente es uno de dichos factores, y la llama de gas que hizo que se calentara es otro. El hecho de que paguemos el recibo del gas en su debido momento es otro factor, y, si en ese momento nos sentíamos un poco cansados o distraídos, eso también ha podido desempeñar un papel importante. Cada una de estas causas (de las cuales hay muchas más) es, en sí misma, el efecto de otras causas. Por ejemplo, asumiendo que utilizamos gas natural como fuente de combustible para calentar la sartén, también debemos tener en cuenta la tecnología que permite identificar, extraer y procesar el gas de las reservas que existen bajo la superficie terrestre.

El mismo principio se aplica al sufrimiento de naturaleza más psicológica. Si nos sentimos especialmente ansiosos o deprimidos, hay muchos factores que causan que surjan estos sentimientos. Podemos dedicar mucho tiempo a tratar de rastrear todos estos factores, y es posible que hacerlo nos lleve de vuelta a las circunstancias a las que estuvimos expuestos al principio de nuestra vida. Es, sin duda, un buen ejercicio tratar de identificar completamente los distintos factores que desempeñan un papel en el inicio de un tipo concreto de sufrimiento. Sin embargo, este puede ser, de hecho, un ejercicio difícil de llevar a cabo porque el gran número de causas coadyuvantes supone que sea muy complicado identificarlas todas. En consecuencia, un método mucho más productivo y eficaz consiste en identificar y abordar la causa subyacente a todas las formas de sufrimiento. Si logramos establecer cuál es la causa raíz de todas las modalidades de sufrimiento, entonces, todo lo que tenemos que hacer es desmantelar dicha causa y dejaremos de experimentar sufrimiento.

Para que aparezca el sufrimiento, tiene que haber un yo que lo experimente. Por ejemplo, una montaña o una nube no experimentan sufrimiento. Una nube no sufre porque no existe como un yo independiente. La nube tan solo existe en dependencia, por ejemplo, del viento, los ríos, los océanos, el sol y las montañas. La nube es una manifestación de todos estos factores coadyuvantes. En resumen, la nube no existe por sí misma, sino que se manifiesta en dependencia de causas y condiciones, y si cualquiera de estas no está presente, la nube deja de existir.

Albergar la creencia de que existimos de manera intrínseca (es decir, con independencia de todas las demás cosas) es la principal causa subyacente del sufrimiento. Allí donde existe el yo, existe el sufrimiento. Y allí donde existe el sufrimiento, existe el yo. Imaginemos que experimentamos el sufrimiento en forma de enfado porque, al dar marcha atrás, alguien choca con nuestro coche nuevo. Al observar las causas del sentimiento de enfado, es fácil señalar y culpar a la otra persona. Y, en lo que se refiere estrictamente al accidente automovilístico, bien pudiera ser que el otro conductor fuese completamente culpable. Sin embargo, no es culpa suya que nos enfademos.

La ira que se manifiesta en un escenario como este es nuestra propia creación. El principal factor subyacente que nos hace enfadar es el hecho de que estamos atrapados en la idea de un «mí», un «mío» y un «yo». Creemos que somos un yo que existe de manera intrínseca y que el coche es algo que le pertenece a este yo. Nos enfadamos porque pensamos que, como resultado del accidente, el «yo» va a salir perjudicado. Podemos experimentar enfado porque sabemos que el accidente automovilístico nos costará dinero y tiempo en reparaciones. Sin embargo, es probable que la principal razón por la que nos sentimos enfadados se deba a que el coche ya no parece tan nuevo y hermoso y sentimos que su imagen ya no se corresponde de manera adecuada con nosotros.

Como sugiere el ejemplo anterior, el sufrimiento solo tiene que ver con el ego. Si eliminamos el ego de la ecuación, entonces, ya no hay razón para que nos enfademos. En ausencia de ego, es mucho más fácil entender que padecer un accidente automovilístico menor no es un problema tan grave. Hay muchos millones de personas conduciendo, a toda velocidad por carreteras congestionadas, en grandes cajas metálicas sobre ruedas. Por tanto, es inevitable que de vez en cuando choquen y que, cuando lo hagan, uno o ambos vehículos sufran daños. Suponiendo que nadie resulte gravemente herido en el accidente, la situación puede tratarse de forma directa y sin necesidad de emociones negativas. Lo que tenemos que hacer es intercambiar los detalles del seguro, informar a nuestra compañía y disponerlo todo para que el coche sea reparado.

Sin la implicación del ego, no hay un «yo» que se sienta herido u ofendido. El incidente no es un episodio que forme parte de una telenovela permanente. De hecho, cuando el ego no está involucrado, es posible incluso disfrutar de situaciones como esta. En lugar de perder el tiempo discutiendo, podemos ayudar a crear una experiencia que fomente la paz y la sabiduría tanto en nosotros como en la otra persona. Podemos utilizar la situación como nuestro mejor maestro y como una oportunidad para practicar el soltar y el responder con tranquilidad. No solo soltamos nuestro apego al coche, sino lo que es más importante, soltamos nuestro apego a nosotros mismos.

Los planetas y las estrellas de la mente

Resulta obvio que el sufrimiento requiere un yo, y que extinguir nuestra creencia en el yo pondrá fin a nuestro sufrimiento. Sin embargo, por muy cierta que sea esta afirmación, una cosa es alcanzar un entendimiento conceptual de este principio, y otra completamente distinta es eliminar de modo permanente nuestro apego al «mí», lo «mío» y el «yo». Desde el momento en que nacemos (y desde mucho antes, en el caso de que suscribamos la visión de la reencarnación), hemos estado reforzando continuamente nuestra creencia en un yo que existe con independencia de todas las demás cosas. Aunque entendamos de manera racional que la existencia de un yo intrínseco es lógica y científicamente inverosímil, dado que todas las cosas están interconectadas entre sí, eso no nos impide alimentar de continuo nuestra creencia en el yo. De hecho, según la literatura de la meditación budista, todo lo que pensamos, decimos y hacemos –sin importar lo pequeño o insignificante que pueda parecer– es impulsado y controlado por el ego.

Imaginemos que la mente es como una vasta extensión de espacio vacío. Cuando experimentamos pensamientos, sentimientos y percepciones, este espacio vacío se llena de planetas, estrellas y otros cuerpos celestes. Así pues, con cada nuevo pensamiento y experiencia nace una estrella en la mente. Esa estrella resplandece de manera más brillante o más tenue dependiendo de cuánto pensemos en la experiencia y de cuánto la revivamos. Según esta analogía, las estrellas y planetas serían el equivalente de las huellas mentales a las que nos hemos referido antes, mientras que el ego sería comparable a un astronauta que se desplaza entre ellas. El astronauta decide que ciertos planetas son hermosos y fáciles de habitar, mientras que otros son desagradables y con un ambiente extremo y poco acogedor.

Así pues, el astronauta construye una realidad con él situado en el centro y todo lo demás en la periferia. Si considera que un cuerpo celestial en particular es valioso y agradable, se sentirá atraído por él. Del mismo modo, cuando el astronauta asigna un valor negativo a un planeta o estrella en particular, hace todo lo posible por evitarlos. Aunque, desde el punto de vista del ego, relacionarse con el mundo de esta manera tiene mucho sentido, nos brinda una perspectiva muy limitada de la realidad. A través de su escotilla, el astronauta solo recibe una imagen parcial de lo que sucede.

El enfoque favorito del ego es evitar lo que no le gusta y centrarse en las personas, objetos y circunstancias que le atraen. Sin embargo, esta estrategia está destinada al fracaso porque, además de carecer de un control completo sobre lo que sucede en nuestro entorno externo, nuestras preferencias y deseos también cambian de continuo. Por ejemplo, alguien podría decidir que vivir en la ciudad es muy claustrofóbico y, en consecuencia, trasladarse al campo para disfrutar de un ritmo de vida más pausado y dedicar más tiempo a la naturaleza, a su familia y a sí mismo. Sin embargo, transcurridos algunos años, empieza a aburrirse (incluso consigo mismo) y a echar de menos las comodidades y el estilo de vida urbano. Dicho con otras palabras, ya se trate del lugar de residencia, el trabajo, el coche o la pareja, transcurrido un corto periodo de «luna de miel» de supuesta felicidad, las personas tienden a sentirse insatisfechas con su suerte.

Nuestro sufrimiento no tiene absolutamente nada que ver con el hecho de que la mente siempre esté recogiendo impresiones. La adherencia es una cualidad natural de la mente y, por tanto, es inevitable que esta «asimile» los distintos fenómenos y situaciones con los que se encuentra. Por el contrario, el sufrimiento aparece porque forjamos todo tipo de complejas relaciones con estas impresiones mentales y nos apegamos o nos oponemos a ellas, así como a los fenómenos y situaciones que las han generado. En lugar de aceptar y experimentar los fenómenos ambientales y psicológicos «como son», siempre tenemos que hacerlo desde la perspectiva del «mí», lo «mío» y el «yo». En cada momento del día, estamos en contacto con muchas cosas hermosas, pero como siempre estamos alimentando una telenovela en nuestra mente y en la mente de otras personas, somos incapaces de experimentar dicha belleza.

Si el astronauta dejase de añadir y sustraer conceptos a los cuerpos celestes que observa, su ventana de observación sería mucho más grande. Tendría entonces una nave espacial totalmente transparente, desde la cual disfrutaría de una perspectiva de 360 grados. De hecho, a medida que vamos ganando experiencia en el uso de la meditación para socavar el ego, las paredes de la nave espacial empiezan a derrumbarse por completo y llegamos a un punto en el que ya no existe barrera alguna que nos separe de las impresiones que se han formado en la mente. Carecer de toda capa protectora puede parecer una perspectiva desalentadora, pero, al darnos cuenta de que estas impresiones carecen de sustancia y de que no son sino nuestras propias proyecciones mentales, también nos percatamos de que no hay –y nunca ha habido– nada que temer.

Disolver el ego

En ausencia de un ego que inspeccione, conceptualice y clasifique los distintos fenómenos psicológicos y ambientales con los que nos encontramos, lo que antes experimentábamos como «múltiple» vuelve a ser una totalidad. La gran mayoría de las personas perciben la realidad a través de la lente de un ego que se considera separado de sus impresiones mentales, así como de las situaciones y experiencias que originan el desarrollo de dichas impresiones. En otras palabras, la mayoría de la gente divide la existencia en: 1) el ego observador o yo, 2) el mundo psicológico interno, y 3) el mundo físico externo. Sin embargo, al permitir que el ego se disuelva en el espacio vacío y el universo que hay a su alrededor, el guerrero atento deja de establecer este tipo de divisiones y experimenta todos los aspectos de la realidad como una misma cosa, sin pensar en términos de un yo-ego observador que permanece separado de su mundo psicológico interno y de su mundo físico externo.

¿Puedes recordar la meditación guiada que hemos incluido al final del capítulo 1? Esta meditación comprendía diez ejercicios, y el octavo ejercicio era el siguiente: *Inspirando, soy consciente del espacio y el tiempo que hay entre inspiración y espiración, y entre espiración e inspiración; espirando, me relajo en ese espacio y ese tiempo.* Utilizamos la respiración meditativa para percibir y comprender mejor el principio que estamos exponiendo en el presente capítulo acerca de la disolución del mundo interno y el mundo externo en una misma cosa. Cuando enfocamos la consciencia en la brecha que existe entre inspiración y espiración, esa brecha comienza a expandirse. Con la práctica, es posible llegar a un punto en el que el tiempo parece detenerse y donde nos movemos más allá de la noción de inspiración y espiración. En ese espacio, que también se produce entre la aparición de un pensamiento y otro, podemos experimentar la vida sin conceptos ni límites.

Debido a que no divide en compartimentos la realidad, el guerrero atento experimentado carece de un «mí», un «mío» o un «yo» que puedan sentirse insultados, heridos u ofendidos. El sufrimiento requiere que algo suceda en nuestro entorno psicológico o físico que de alguna manera amenace la existencia o los ideales del yo/ego. Sin embargo, si ya no hay un ego que se considere perjudicado, entonces, no puede aparecer el sufrimiento. Aprender a ver el mundo sin la interferencia del ego constituye el corazón de la práctica del mindfulness. El mindfulness significa que entendemos que la mente está completa y provista de todo absolutamente. En una mente completa que lo abarca todo, el sufrimiento es incapaz de arraigar.

Si el océano decide que no le agrada una ola en particular, o si una ola cree que no le gusta el océano, esta es una forma inadaptada de percibir la realidad. Si el océano se queja de una ola, quiere decir que el océano se queja de sí mismo. De igual modo, si una ola se queja del océano, significa que la ola se queja de sí misma. Sin embargo, cuando ola y océano se consideran manifestaciones de una misma «totalidad», ya no existe ninguna base para que aparezca el conflicto. La ola y el océano son inseparables. De igual modo, nosotros somos todo lo que experimentamos, y todo lo que experimentamos –incluido aquello que consideramos sufrimiento– somos nosotros. El mindfulness nos permite percibir la plenitud o completitud de la mente y experimentar, una vez más, la belleza que nos rodea.

En este capítulo, hemos utilizado la analogía de la mente como una vasta extensión de espacio vacío, concibiendo los pensamientos e impresiones mentales resultantes como planetas y estrellas. Esto puede parecer una forma extraña de concebir la mente y la realidad, pero, lo creamos o no, esta analogía no está tan lejos de la verdad como podemos suponer. Con cada pensamiento, creamos un nuevo mundo. Los pensamientos cambian la trayectoria del momento presente y reajustan el futuro. La materia prima de la que están construidos los pensamientos es increíblemente poderosa, ya que, en esencia, están hechos de pura energía creativa. Están constituidos de la misma energía básica que desencadenó el Big Bang. ¡Qué maravilla!

Soy porque pienso

Quisiéramos concluir este capítulo acerca del sufrimiento con una breve reflexión que escribimos bajo el título «Soy porque pienso». Esta reflexión se refiere a la relación cambiante que, a medida que avanza por el camino del guerrero atento, el individuo establece con el sufrimiento.

Porque creo que soy, quiero ser.
Porque quiero ser, quiero poseer.

Porque quiero poseer, sufro.

Porque sufro, quiero sufrir menos.

Porque quiero sufrir menos, sufro más.

Porque sufro más, dejo de intentar poseer.

Porque dejo de intentar poseer, experimento la vida como un todo.

Porque experimento la vida como un todo, ya no necesito ser.

Porque ya no necesito ser, realmente soy.

7. El corazón compasivo

En el verano de 2015, mantuvimos un diálogo con Thupten Jingpa, quien ha sido, en los últimos treinta años,[13] el principal traductor al inglés de Su Santidad el Dalái Lama. Durante nuestra charla, coincidimos en que la compasión es el pegamento que mantiene unida a la humanidad. No importa si estamos hablando de la relación entre dos individuos en el seno de una familia o de la relación entre dos países, si las personas no somos amables y no cuidamos unas de otras, las cosas se deterioran muy rápidamente. De hecho, la historia nos enseña que, cuando el miedo, la ignorancia y el egoísmo prevalecen sobre la compasión y la bondad amorosa, carece de sentido «tocar fondo» desde el punto de vista de la negatividad que se genera. El odio, la ira y la violencia siempre fomentan más odio, ira y violencia, y los desacuerdos menores pueden escalar rápidamente hasta convertirse en un conflicto global.

Aunque el cultivo de la compasión y la bondad amorosa trata de promover la armonía en nuestras relaciones con los demás y con el entorno que nos rodea, también persigue fomentar la armonía en nuestro interior. Existe un viejo adagio que dice que, cuando damos, también recibimos. En este sentido, cultivar la compasión y la bondad amorosa representa un escenario en el que todos ganamos. No solo nuestra bondad beneficia a los demás, sino que nosotros, como donadores de bondad, también recibimos un inmenso beneficio.

En la literatura budista tradicional, la bondad amorosa y la compasión son dos de las «cuatro actitudes sublimes» (sánscrito: *brahmaviharas*), siendo las otras dos la alegría empática y la ecuanimidad. La «alegría empática» subraya el hecho de que la auténtica bondad amorosa y la compasión solo se manifiestan en una mente incondicionalmente alegre que está en permanente contacto con la serenidad meditativa. Por su parte, la «ecuanimidad» apunta a la necesidad de que el cultivo de la bondad amorosa y la compasión se extienda, en igual medida y de manera ilimitada, a todos los seres vivos (con independencia de si los consideramos «amigos» o «enemigos»). Así pues, cualquier explicación acerca de cómo la bondad amorosa y la compasión nos ayudan a madurar como guerreros atentos necesita tener en cuenta de qué modo estas prácticas se relacionan con la alegría y la ecuanimidad y se ven apoyadas por ellas.

En el capítulo 3, hemos señalado que la atención a los detalles (aunque sin quedar atrapados en ellos), la intrepidez, la alegría, y ser un humilde servidor de la humanidad, forman parte del código de conducta del guerrero atento. En el presente capítulo, exploramos un poco más el código de conducta del guerrero atento, si bien nos centramos específicamente en el cultivo del amor, la bondad y un corazón compasivo. Como parte de nuestra exposición, hacemos referencia a lo que denominamos los enemigos «cercanos» y «lejanos» de la bondad amorosa y la compasión (así como a los enemigos «cercanos» y «lejanos» de las prácticas espirituales relacionadas con la alegría y la ecuanimidad). El término «enemigo cercano» se refiere a los métodos de práctica espiritual que, si bien en apariencia son similares a la auténtica compasión y la bondad amorosa, en realidad, no tienen lugar en el camino del guerrero atento. Por su parte, el significado de la expresión «enemigo lejano» se refiere, sencillamente, a aquellos comportamientos y estados mentales que socavan de manera directa el desarrollo de un corazón amoroso y compasivo.

La bondad amorosa

En la literatura referente a la meditación, la bondad amorosa suele definirse como el deseo de que todos los seres disfruten de la felicidad y sus causas. Esto no significa que, como aspirantes a guerreros atentos, tengamos que salvar el mundo o poner fin a la pobreza en los países en vías de desarrollo. Si este fuera el caso, deberíamos concluir que todos los grandes líderes espirituales, como Cristo y el Buddha, fracasaron en su cometido. Por el contrario, cultivar y practicar la bondad amorosa supone que debemos generar el deseo, desde lo profundo de nuestro ser, de que la felicidad y la paz se extiendan por doquier. Sin embargo, este no es un deseo que sopesemos de vez en cuando para luego olvidarlo, sino que se trata de una intención que cultivamos y nos esforzamos en que nos acompañe en cada momento de nuestra vida.

Con una sola vela es posible encender mil velas, y cada una de ellas puede encender, a su vez, otras mil. La práctica de la bondad amorosa se refiere básicamente a encender en nuestro interior la vela de la bondad, la cordialidad y la sabiduría, permitiendo que, de manera constante, esa luz se haga cada vez más intensa y toque de forma creciente a más seres vivos. Una mente imbuida de bondad amorosa dimana sin esfuerzo felicidad y cordialidad, y la onda expansiva de esta energía positiva se extiende gradualmente por todo el orbe.

En el año 2014, llevamos a cabo una revisión sistemática y exhaustiva de los estudios de investigación sobre la bondad amorosa y la compasión para evaluar los efectos de estas técnicas en los niveles de salud y bienestar. Los estudios incluidos en la revisión (publicados en la revista *Mindfulness*) mostraban que la práctica de la bondad amorosa conduce a un incremento de las emociones positivas, y que estas, a su vez, fomentan relaciones interpersonales más satisfactorias, un mayor sentido de propósito, una mejora en la calidad de vida y una disminución del dolor corporal y de problemas psicológicos como la depresión, ansiedad y angustia.[14] El conjunto de pruebas de la investigación referente a la bondad amorosa demuestra que el grado en que conseguimos cultivar la bondad amorosa en nuestra mente y nuestro corazón influye de manera significativa en la forma en que pensamos, sentimos y actuamos hacia una determinada persona o situación (y también en cómo pensamos, sentimos y actuamos hacia nosotros mismos).

Por ejemplo, dependiendo de si en un momento dado experimentamos bondad hacia nosotros mismos y los demás, un comentario neutral de nuestro jefe puede ser interpretado de maneras muy distintas. Si resulta que hemos acudido a trabajar con una mente cerrada, negativa y egoísta, y el jefe nos pide una sencilla explicación de por qué algo ha salido mal, podemos suponer automáticamente que está sugiriendo que nosotros tenemos la culpa. Es muy probable que la reacción inmediata ante tal situación sea que los sentimientos de ira y preocupación empiecen a adueñarse de nuestra mente y estómago. Podemos creer entonces que el jefe nos tiene manía y decir cosas de las que luego nos arrepentiremos. Sin embargo, si nos sentimos seguros y estables y amamos a los demás, es más probable que percibamos que nuestro jefe solo está (esperemos) haciendo su trabajo y formulando una pregunta adecuada. En ese caso, responderemos con confianza para luego seguir adelante y disfrutar del resto de nuestra jornada sin pensar más en ello.

Según el *Dhammapada*,[15] el Buddha dijo lo siguiente:

Todo lo que experimentamos es precedido por la mente,
dirigido por la mente, hecho por la mente.
Habla o actúa con una mente corrupta
y el sufrimiento seguirá
como la rueda del carro sigue el casco del buey.

Todo lo que experimentamos es precedido por la mente,
dirigido por la mente, hecho por la mente.
Habla o actúa con una mente tranquila
y la felicidad seguirá
como la sombra que nunca te abandona.

Las palabras «todo lo que experimentamos es precedido por la mente» son muy profundas y captan la esencia del budismo. En lugar de depender de factores externos, la felicidad es, en última instancia, una elección que llevamos a cabo. Si queremos experimentar felicidad incondicional, debemos centrar todos nuestros esfuerzos en entrenar la mente para cambiar el modo en que se relaciona con el mundo y lo experimenta. Al principio, esto no es algo fácil de llevar a cabo, pero tampoco es algo imposible. Se trata de empezar y de insistir en ello. Si lo hacemos de ese modo, no pasará mucho tiempo antes de que nuestros esfuerzos comiencen a dar fruto.

En cierta ocasión, se llevó a cabo un ensayo controlado aleatorio en el que los mandos intermedios que trabajaban en puestos administrativos recibieron formación en meditación. Al principio del programa de formación, la mayoría de los participantes tenían la impresión de que la única manera de mejorar de forma tangible su grado de satisfacción laboral era cambiar de empleo, o que su empleador introdujese ciertas modificaciones en el sistema de gestión de recursos humanos, como la optimización de la flexibilidad del horario laboral, el aumento de salario o la introducción de mejores programas de remuneración. Sin embargo, tras completar el programa de Meditation Awareness Training (MAT), de ocho semanas de duración, centrado en modificar el entorno psicológico interno de los empleados y no su entorno externo de trabajo, los participantes experimentaron mejoras estadísticamente significativas en la satisfacción laboral que experimentaban (así como en su bienestar psicológico y desempeño laboral).[16]

Por supuesto, no cabe duda de que hay cosas que los empleadores pueden hacer para que el entorno laboral sea más estimulante y se adapte mejor a las necesidades de los trabajadores, pero, en nuestra opinión, tanto empleadores como empleados a menudo subestiman los beneficios que se derivan del uso de intervenciones psicológicas cuidadosamente diseñadas.

Los enemigos de la bondad amorosa

El «enemigo cercano» de la bondad amorosa es mostrar afecto egoísta hacia los demás. Si hacemos algo amable con la intención de recibir unas palmaditas en la espalda, esta es una forma distorsionada de bondad amorosa. A algunas personas les gusta escuchar palabras como «Oh, qué bueno eres», o «Qué gesto tan encantador. Eres tan amable». Sin embargo, a las personas que están en el camino del guerrero atento no les interesa en realidad ser elogiadas o reconocidas por sus acciones. La bondad amorosa solo es parte de lo que somos y lo que hacemos. Si la gente elige alabarnos, eso está bien, pero no buscamos alabanzas.

La genuina bondad amorosa es completamente incondicional y abarca a todos los seres vivos, con independencia de si se lo «merecen» o no. La bondad amorosa se otorga libremente y sin ninguna expectativa de retorno. Se afirma que la bondad amorosa es, de hecho, el fundamento sobre el cual debe construirse la compasión porque, para sentir empatía hacia aquellos que sufren (incluyéndonos a nosotros mismos), debemos verdaderamente –y con todo nuestro corazón– desear el bienestar de los demás.

El enemigo «lejano» de la bondad amorosa es el odio o la animadversión. No hay lugar para el odio en el camino del guerrero atento. Si una persona alberga odio hacia los demás, significa que se odia a sí misma. A veces, en las noticias, leemos que las personas que no son amables con los animales reciben amenazas de violencia (o incluso amenazas de muerte) por parte de personas que buscan venganza y que supuestamente aman a los animales. Sin embargo, este no es sino un ejemplo de animadversión y de odio que fomenta aún más la animadversión y el odio. Cuando se permite que el odio crezca en la mente, este puede arruinar rápidamente el valor de toda una vida de práctica espiritual.

Cultivar la bondad amorosa

El primer paso consiste en fomentar la bondad amorosa hacia nosotros mismos. Cuando albergamos amor incondicional hacia nuestro propio yo, todos nuestros pensamientos, palabras y acciones se transforman en una expresión de dicho amor. Hasta que no resolvamos los conflictos que hay en nuestro interior, no nos hallaremos en una posición segura para tratar de resolver los conflictos y problemas que existen en el mundo que nos rodea. Si tratamos de convencer a otros de que vivan de manera pacífica y responsable, cuando albergamos tensión y conflicto en nuestro propio corazón, entonces, a pesar de nuestras mejores intenciones, lo único que conseguiremos será generar más sufrimiento y confusión.

El objetivo final es que la bondad amorosa se convierta en nuestro modo de ser normal, natural y espontáneo. Sin embargo, hasta que eso suceda (y lo hará tarde o temprano), tenemos que confiar en prácticas y técnicas específicas para interrumpir el pensamiento y los patrones de comportamiento inadaptados. Una práctica útil en este sentido consiste en la repetición, durante la meditación, de frases específicas. El siguiente es un ejemplo de una meditación que puede ser practicada para cultivar la bondad amorosa hacia nosotros mismos y los demás. Cuando llevemos a cabo esta meditación, podemos verbalizar las frases, o si lo deseamos, simplemente repetirlas mentalmente:

Al inspirar, siento que la paz impregna mi cuerpo y mi mente.
Al espirar, me relajo y me siento bien en mi cuerpo y mente.
Al inspirar, siento una felicidad sosegada que crece en mí.
Al espirar, me relajo y me sumerjo en esta felicidad.
Al inspirar, recuerdo que estoy vivo en el aquí y ahora.

Al espirar, me sonrío amablemente.

Al inspirar, recojo sentimientos de felicidad en mi corazón.

Al espirar, dirijo esta felicidad a lo más profundo de mi ser.

Al inspirar, me siento despierto y vivo.

Al espirar, me siento nutrido y revitalizado.

Al poner en práctica esta meditación, podemos, de vez en cuando, intercambiar la frase «*Al espirar, dirijo esta felicidad a lo más profundo de mi ser*» por «*Al espirar, dirijo esta felicidad a lo más profundo del corazón y la mente de otras personas*». Además de a la «gente en general», también podemos seleccionar a individuos específicos para que sean los receptores de nuestros sentimientos de bondad amorosa. Por ejemplo, podemos decir: «*Al espirar, dirijo esta felicidad a lo más profundo del corazón y la mente de mi querida amiga Carol*»; o bien: «*Al espirar, dirijo esta felicidad a lo más profundo del corazón y la mente del pendenciero de la oficina que me hace sufrir cuando estoy en el trabajo*». También podemos canalizar sentimientos de bondad amorosa hacia situaciones específicas en las que podamos o no estar personalmente implicados. Por ejemplo, podemos decir: «*Al espirar, dirijo esta felicidad a los corazones y mentes de mis hermanos y hermanas que experimentan hambre y enfermedades en Zimbabue*»; o bien: «*Al espirar, dirijo esta felicidad a los corazones y mentes de todas las personas que, al igual que yo, son lo suficientemente valientes como para dejar vivir su propio culebrón y emprender el camino del guerrero atento*». Podemos sentarnos en una postura formal de meditación para practicar esta meditación, pero también podemos practicarla cuando estamos, por ejemplo, desplazándonos en el coche, trabajando en el ordenador o comiendo en el trabajo.

Compasión

La compasión suele ser definida como el deseo de que todos los seres se vean libres del sufrimiento y sus causas. Este deseo es básicamente lo que implica la palabra sánscrita *bodhicitta* (que significa «mente del despertar»). La *bodhicitta* se refiere a la actitud o motivación que nos lleva a emprender una práctica espiritual con el propósito primordial de beneficiar a otros seres. En el budismo, las personas que adoptan y actúan siguiendo esta actitud reciben el nombre de *bodhisattvas*. Así pues, podemos pensar que el guerrero atento es un *bodhisattva* que dedica su vida a aliviar la ignorancia y el sufrimiento tanto propio como ajeno.

Para cultivar la compasión de manera eficaz, tenemos que entender completamente la naturaleza del sufrimiento. Para ello, necesitamos comprender los diversos atributos del sufrimiento expuestos en el capítulo 6, y el hecho de que, con independencia de que sean conscientes o no de ello, todos los seres vivos están inmersos en el sufrimiento. Sin embargo, también hay que entender que, si el sufrimiento no existiese, sería imposible cultivar la compasión. Y, sin la posibilidad de cultivar la compasión, sería imposible efectuar un rápido progreso espiritual y ocupar nuestro lugar legítimo al lado de los guerreros atentos que han hollado este camino antes que nosotros.

Cuando vemos a un animal o a una persona inmersa en una situación dolorosa o angustiosa, es posible que deseemos desesperadamente aliviar su sufrimiento y aportarle un poco de paz y tranquilidad. Es maravilloso que una persona (o animal) se conmueva y actúe para tratar de aliviar el sufrimiento de otro ser vivo. Este es un ejemplo de compasión en su nivel más crudo y elemental. Sin embargo, a medida que crecemos en consciencia y sabiduría como guerreros atentos, empezamos a percibir que, incluso si la gente no muestra ostensibles signos de angustia, también puede estar sufriendo. Por tanto, la auténtica compasión exige gran sabiduría y habilidad. Se requiere sabiduría para ir más allá de la fachada de felicidad superficial tras la que la gente a menudo trata de ocultarse. Y también se requiere habilidad para saber cómo ayudar del mejor modo a las personas que puedan ser reacias a cambiar sus hábitos.

Además de en la bondad amorosa, los científicos también están cada vez más interesados en los atributos, correlatos y aplicaciones de la compasión. Como parte del estudio sistemático mencionado antes, se ha constatado que la meditación de la compasión propicia diversos beneficios para la salud, así como un funcionamiento psicosocial más adaptativo. Por ejemplo, se ha puesto de manifiesto que la práctica regular de la meditación de la compasión reduce los niveles de un marcador biológico conocido como proteína C reactiva. Los altos niveles de proteína C reactiva indican que hay inflamación en el cuerpo, lo cual a menudo es una señal de que existe un problema de salud subyacente. La meditación de la compasión también ha demostrado aumentar la actividad en las áreas cerebrales que nos ayudan a regular las emociones, incluyendo aquellas asociadas con estados de ánimo bajos y depresivos.

Cuando albergamos una profunda compasión, tanto por nuestro propio sufrimiento como por el de los demás, empezamos a ver el mundo y las personas que nos rodean de manera muy distinta. Al incorporar las necesidades y el sufrimiento de los demás a nuestro campo de consciencia, somos capaces de añadir perspectiva a nuestros propios problemas y sufrimientos. Nos obsesionamos menos con nosotros mismos y nos volvemos más alocéntricos, o «centrados en el otro», y los patrones de pensamiento positivo que subyacen a esta nueva perspectiva nos ayudan a sentirnos más dinámicos, seguros y llenos de vida. La compasión nos impide experimentar la vida como una lucha constante y también caer en lo que consideramos nuestros problemas exclusivos.

De hecho, cuando practicamos la compasión, no solo percibimos el mundo de manera diferente, sino que el mundo también empieza a vernos a nosotros de modo distinto. A medida que entendemos de qué modo actuar con habilidad y compasión en cualquier situación, tanto el momento presente como los fenómenos que este contiene empiezan a hablarnos. Una mente compasiva es una mente abierta que percibe nuevos sonidos, olores, sabores y visiones, y que es capaz de sintonizar con los latidos del corazón del aquí y ahora. Cuando la compasión incondicional florece en la mente, la tierra se relaja y exhala un enorme suspiro de alivio. En medio del caos, la ignorancia y la explotación de los recursos naturales, la Tierra tiene un nuevo amigo y un guardián, un hijo de los guerreros atentos que camina amable y grácilmente sobre la espalda del planeta.

Los enemigos de la compasión

El «enemigo cercano» de la compasión es la lástima. Si pasamos en la calle junto a una persona sin hogar, podemos experimentar un sentimiento de empatía; podemos incluso sentirnos inspirados a darle algo de dinero o hacer una donación a una organización benéfica. Sin embargo, ¿hasta qué punto esta donación tiene que ver con ayudar realmente a esa persona y en qué medida está relacionada con nuestro propio sentimiento de culpa? La lástima es una forma distorsionada de compasión que se centra en nuestro propio yo. Si queremos efectuar una donación a una persona sin techo, entonces, debemos llevarla a cabo con confianza y amabilidad y sin sentimiento alguno de culpa. Tenemos que hacer la donación con una buena comprensión de cómo es probable que se invierta el dinero y si el individuo lo utilizará adecuadamente. También debemos sopesar la opción de proporcionar a la persona los recursos que necesita (incluida nuestra amistad y apoyo) para mejorar de manera más duradera su situación.

El «enemigo lejano» de la compasión es la crueldad. Podemos ser crueles con nuestros pensamientos tanto como con nuestras palabras y acciones. Los actos de crueldad hacen sufrir a otras personas, pero también hacen sufrir al perpetrador. El que ejerce la crueldad padece culpa y odio hacia sí mismo. Ser cruel no tiene por qué implicar necesariamente hacer algo, porque abstenerse de hacer algo también puede constituir un acto de crueldad. Por ejemplo, las personas que tienen la oportunidad de seguir un camino de enseñanzas espirituales auténticas, pero deciden permanecer inmersas en su propia telenovela, probablemente están siendo crueles consigo mismas y con los demás.

Cultivar la compasión

Hay muchas maneras de cultivar y practicar la compasión. Sin embargo, si queremos que una actitud sana en particular cale profundamente en nuestro ser, la meditación es un método sumamente eficaz y directo para conseguirlo. El espacio mental, la claridad y la calma que cultivamos durante la meditación nos permiten desarrollar y asimilar rápidamente cualidades psicológicas y espirituales positivas. Durante la meditación, sembramos semillas de compasión en lo profundo de nuestro ser, regando dichas semillas al interactuar con los seres vivos y los fenómenos que nos rodean.

Como ocurre con la mayoría de habilidades que el guerrero atento debe desarrollar, empezamos cultivando la compasión hacia nosotros mismos, y luego dirigimos, poco a poco, esta energía compasiva hacia los demás. La siguiente es una meditación que podemos utilizar para ayudarnos en este sentido. La primera parte de la meditación se refiere al desarrollo del enfoque meditativo y la tranquilidad, mientras que la segunda se centra en el cultivo de la compasión hacia nuestro propio sufrimiento. Si bien depende de cada cual el tiempo que invierta en practicar esta meditación, nuestra sugerencia es que se dediquen unos minutos a cada ciclo de inspiración y espiración.

Al inspirar, observo la inspiración.

Al espirar, observo la espiración.

Al inspirar, sé si mi respiración es profunda o superficial, corta o larga.

Al espirar, permito que mi respiración siga su curso natural.

Al inspirar, observo el espacio y el tiempo que hay entre inspiración y espiración.

Al espirar, me relajo en este espacio y este tiempo.

Al inspirar, comprendo que no hay otro lugar donde necesite estar.

Al espirar, comprendo que ya estoy en casa.

Al inspirar, soy consciente del sufrimiento que hay en mi interior.

Al espirar, sostengo mi sufrimiento en la consciencia meditativa.

Al inspirar, observo los sentimientos y pensamientos proble-
máticos que hay en mi mente.

Al espirar, permito que esos sentimientos y pensamientos se
calmen y relajen.

Al inspirar, entiendo que el sufrimiento nace de causas y con-
diciones.

Al espirar, entiendo que el sufrimiento no existe como una en-
tidad autónoma.

Al inspirar, recojo mi sufrimiento en una esfera de energía lo-
calizada en mi corazón.

Al espirar, permito que mi sufrimiento se disuelva en el mundo
que me rodea.

Al inspirar, permito que la alegría y la felicidad se congreguen
en una esfera de energía localizada en mi corazón.

Al espirar, me baño en esos sentimientos de alegría y felicidad.

Al inspirar, entiendo que otras personas también sufren.

Al espirar, irradio a los demás sentimientos de alegría y feli-
cidad.

Al inspirar, vuelvo a seguir mi respiración.

Al espirar, disfruto de la experiencia de simplemente ser.

La meditación previa se centra principalmente en cobrar consciencia del sufrimiento presente en nuestro interior y en transformar ese sufrimiento en felicidad y energía gozosa. Sin embargo, tras practicar repetidamente, tal vez lleguemos a un
punto en que nos sintamos preparados y capaces de considerar
prioritario el sufrimiento de los demás. Cuando eso sucede,

podemos cambiar las palabras de la meditación para reflejar nuestro creciente deseo de llegar a otras personas. Por ejemplo, podemos intercambiar las palabras «*Al inspirar, recojo mi sufrimiento en una esfera de energía localizada en mi corazón...*» por «*Al inspirar, recojo el sufrimiento de los demás en una esfera de energía localizada en mi corazón. Al espirar, permito que este sufrimiento sea transportado por mi espiración y se disuelva en el aire y en el mundo que me rodea*». De la misma manera que hemos descrito cuando hablábamos del cultivo de la bondad amorosa, podemos tomar el sufrimiento de la «gente en general» como objeto de nuestra meditación, así como elegir un individuo o una situación particular.

Una consideración importante concerniente a la práctica de la meditación de la compasión es no llegar a sentirnos abrumados por nuestro propio sufrimiento o por el de otras personas. De hecho, la razón por la que recomendamos procesar y recoger el sufrimiento en una esfera (o bola) de energía en el centro de nuestro corazón es para ayudarnos a despersonalizar y distanciarnos del sufrimiento. Si nos implicamos demasiado con nuestro sufrimiento y con el de los demás, y no sabemos cómo relacionarnos con él correctamente, corremos el riesgo de desarrollar una condición conocida como «fatiga por compasión» o «desgaste por empatía». Ese estado aparece con mayor frecuencia en personas que trabajan en puestos de atención médica en primera línea, como enfermeras, médicos, personal de urgencias y profesionales de la salud mental. Los síntomas incluyen estrés crónico, ansiedad, apatía, patrones de pensamiento destructivos e insomnio. Por tanto, desde un cierto punto de vista, cabe afirmar que el exceso de compasión puede ser perjudicial para nuestra propia salud. Por esta razón (es decir, para evitar el riesgo de convertirnos en víctimas de nuestra propia compasión) resulta imperativo que el guerrero atento desarrolle sabiduría discriminativa y –como veremos más adelante en este mismo capítulo– también ecuanimidad.

Alegría empática

El lector recordará que hemos presentado, en el capítulo 3, la alegría como uno de los aspectos centrales del código del guerrero atento. La alegría fue explicada, en ese contexto, como una ruptura de los patrones habituales de pensamiento y reacción, que nos permite responder a las circunstancias adversas con felicidad, claridad y confianza. Ahora nos gustaría abordar una dimensión particular de la alegría conocida como «alegría empática». La alegría empática significa regocijarse de la felicidad de los demás, así como de nuestra propia felicidad. Este tipo de alegría desempeña un papel fundamental en el cultivo de la auténtica bondad amorosa y la compasión.

En nuestra sociedad industrializada y materialista, hay personas que tienen la tendencia a albergar algún tipo de resentimiento contra quienes consiguen materializar sus sueños. Por ejemplo, si una persona tiene mucho dinero, a menudo existe la sospecha implícita de que, de alguna manera, ha sido poco escrupulosa y se ha aprovechado de sus semejantes. Sin embargo, el guerrero atento no está interesado en juzgar o menospreciar a la gente. Por el contrario, experimenta una alegría desinteresada por el progreso, el éxito y la felicidad de los demás. Si la compasión consiste en identificarse con el sufrimiento de los otros, la alegría empática implica identificarse con sus éxitos y cualidades positivas.

El cultivo eficaz de la alegría empática nos afecta profundamente tanto a nosotros como a quienes nos rodean. Una persona puede permanecer atrapada en pensamientos y patrones de comportamiento muy negativos, pero es fascinante verla transformarse cuando practicamos la alegría empática en su presencia. La auténtica alegría empática es contagiosa y es muy interesante observar de qué modo la gente cambia y empieza a florecer en presencia de un guerrero atento que ha logrado dominar esta práctica. Un ambiente sombrío y miserable puede convertirse rápidamente en una atmósfera de felicidad, vitalidad y armonía. El guerrero atento bebe del manantial de su alegría interior, sabiendo que está eternamente disponible para él y para todos aquellos con quienes se encuentra.

Los enemigos de la alegría empática

El «enemigo cercano» de la alegría empática es el «entusiasmo forzado», que es similar a la excitación, aunque un poco menos espontáneo. El entusiasmo forzado significa básicamente actuar con un nivel de energía y emoción que hace que la gente se sienta incómoda. Es bueno mostrarse entusiasmado, pero hay un momento y un lugar para este tipo de energía. Si una persona pretende dar a conocer a todo el mundo que se siente feliz y llena de energía, sin duda eso es algo antinatural. Muchos oradores públicos recurren a esto, es decir, contrarrestan su nerviosismo (y la inseguridad en general) inyectando en su exposición un exceso de entusiasmo. Ahora bien, la auténtica alegría empática no implica ningún tipo de exhibicionismo, sino que es espontánea y desinteresada.

El «enemigo lejano» de la alegría empática es el resentimiento. Theodore Dalrymple afirmó en cierta ocasión que el resentimiento es una de las emociones humanas más inútiles y destructivas, y que dedicamos más tiempo a pensar en las injusticias que supuestamente nos han infligido, que en las injusticias que nosotros hemos hecho a los demás. No hay lugar para el resentimiento en el camino del guerrero atento.

Cultivar la alegría empática

Lo que sigue es un esbozo de una contemplación, o una serie de contemplaciones, que podemos utilizar para cultivar la alegría empática. Lo ideal es que estas contemplaciones se practiquen en un ambiente confortable y tranquilo. A medida que vayamos familiarizándonos más con la práctica, será menos importante comenzar por el principio y podemos decidir centrarnos en uno o dos ejercicios individuales.

1. Empieza reflexionando de manera positiva sobre tu propia situación vital y considera lo afortunado que eres. Tienes ojos para ver el mundo, oídos para escuchar, nariz para oler aromas maravillosos y lengua para probar los sabores. Todos estos factores son un verdadero motivo de felicidad. Hay algunas personas que no tienen intactas todas sus facultades sensoriales. Por tanto, si tus facultades sensoriales están en pleno funcionamiento, te encuentras en una posición privilegiada y afortunada. Debes inspirar y espirar con consciencia y sentirte feliz y satisfecho por tu buena fortuna. Si ocurre que una o más de tus facultades sensoriales no se hallan en buenas condiciones de funcionamiento, aun así debes inspirar y espirar y sentirte genuinamente satisfecho porque, entre muchas otras cosas, aún puedes respirar y estás vivo.

2. El siguiente paso de este ejercicio contemplativo consiste en reflexionar sobre los aspectos adicionales de tu vida que son motivo de alegría. Tal vez tienes un trabajo que te proporciona los medios para llevar comida al plato y mantener un techo sobre tu cabeza. Tal vez dispongas de tiempo libre para poner en práctica tus aficiones e intereses, para leer libros y relajarte o para promover tu desarrollo personal y espiritual. Quizá mantengas una relación sana y cercana con tus padres, pareja, hijos o amigos. Todos estos son ejemplos de cosas por las que debemos sentirnos alegres.

   Al contemplar los diversos aspectos de tu vida que son causa de felicidad, es importante la sinceridad. La gratitud y la alegría que generas deben provenir de una genuina intención. ¿Cuántas veces le has dado las gracias a alguien sin quererlo realmente? En consecuencia, cuando practiques el agradecimiento y la alegría por las cosas agradables que hay en tu vida, trata de ser entusiasta y sincero y permite que el sentimiento de alegría brote desde tu abdomen.

3. El siguiente paso en el proceso de cultivar la alegría empática consiste en fijarnos en factores más genéricos que son causa de felicidad, permitiendo, al mismo tiempo, que el sentimiento de alegría mencionado antes crezca en intensidad. Por factores genéricos entendemos la alegría por cosas como el sol resplandeciente, o la lluvia que cae y nutre las plantas y los árboles. En ausencia del sol o la lluvia, todos estaríamos muertos. Lo mismo se aplica a los árboles que desprenden oxígeno, las abejas que polinizan las plantas y los insectos que ayudan a descomponer la materia orgánica. Todas estas cosas son milagros que contribuyen a mantenernos vivos.

El guerrero atento no da nada por garantizado y sabe que su vida depende del resto de los fenómenos. Debido a esta comprensión, puede experimentar alegría por lo que otras personas consideran ordinario o rutinario. Esto se debe a que sabe que no existe tal cosa como un acontecimiento rutinario. Todo lo que sucede ocurre por primera y última vez. Tampoco existe nada «ordinario» porque todo en el universo, incluyendo la araña que corre por el fregadero, es completamente único.

4. A medida que el sentimiento de alegría surge en tu interior, te bañas en él y te sientes verdaderamente vivo. Cuando estés preparado para hacerlo, el siguiente paso consiste en reflexionar sobre las cualidades positivas, la felicidad y el éxito de los demás. Puede que haya un compañero en el trabajo que esté contento a causa de un reciente ascenso, o quizá alguien que conoces ha iniciado hace poco una relación amorosa. Inspira y espira y genera sentimientos de intensa alegría y felicidad hacia estas personas. Por supuesto, todas las cosas son transitorias y, aunque otros experimenten éxito y felicidad en este momento, no durará para siempre. Por tanto, además de los sentimientos de alegría, debes generar compasión hacia ellos, puesto que esa felicidad tan solo es temporal. Tal vez ese sea el motivo por el que, en el contexto de las «cuatro actitudes sublimes» (*brahmaviharas*) a las que nos hemos referido antes, la alegría se denomina «alegría empática».

Esta etapa particular del ejercicio contemplativo no debe confundirse con generar orgullo. Por ejemplo, tal vez seas madre o padre y naturalmente te sientas orgulloso porque a tus hijos les va bien en la escuela. Sin embargo, este tipo de sentimiento no es a lo que nos referimos cuando hablamos de alegrarse por la felicidad y el éxito de otras personas. La alegría empática es más generosa y abierta que el orgullo (que se podría decir que es más cerrado y orientado hacia el propio yo).

5. La siguiente fase del ejercicio contemplativo requiere un mayor grado de pensamiento abstracto, puesto que supone

reflexionar sobre las dificultades que experimentas actualmente en tu vida y alegrarte por ellas. Puede tratarse de dificultades en las relaciones con tus familiares, pareja o amigos, o también de una situación laboral que te haga sentir
especialmente molesto. Otros ejemplos serían un acontecimiento traumático que hayas experimentado en el pasado,
o una situación persistente que te hace sentir ansioso o es-
tresado.

Si experimentas sufrimiento en este momento debido
a una enfermedad dolorosa o angustiosa, este es también
un tema adecuado de reflexión en esta fase del ejercicio.
Sin embargo, antes de invocar mentalmente una dificul-
tad particular que experimentes para reflexionar sobre ella,
asegúrate, por favor, de estar enraizado en el momento
presente y de sentirte tranquilo y estable. Tras haber cul-
tivado una mente centrada y alegre, elige un aspecto específico de tu vida y concéntrate en él. Empieza exami-
nándolo desde el punto de vista de un espectador neutral.
Adoptar el papel de un espectador facilita que seas más
objetivo con la situación y te ayuda a examinarla con mayor claridad y sin los efectos sesgados de las emociones
negativas.

Imaginemos, con el propósito de ayudar a explicar esta
parte de la contemplación, que la situación que te genera
angustia está relacionada con algo que ha dicho o hecho
una persona querida por ti. Tal vez, la persona en cuestión
ha sido torpe y te ha hecho daño. Quizá no haya actuado de

manera responsable con el amor y la confianza que deposi-
taste en ella. Sin embargo, en lugar de fijarte tan solo en sus
acciones, sopesa la idea de que, además de otras situaciones difíciles que ha soportado esa persona, la angustia que
te ha causado influye de alguna manera en tu decisión de
buscar un modo de tratar de superar tu sufrimiento. Dicho
de otro modo, si la gente no experimentase un sufrimiento tangible, entonces, no se sentiría motivada a buscar un
camino que condujese al final del sufrimiento. Al examinar la situación con objetividad y claridad, puedes considerar a la persona que te hizo sufrir como tu principal maestro.
Ella te ha otorgado un regalo tremendo, es decir, la oportunidad de crecer en sabiduría, consciencia y compasión. Esto
es algo por lo que alegrarse.

Al indagar en tus sentimientos, también debes aceptar
que, al menos hasta cierto punto, el sufrimiento que has soportado (o que actualmente soportas) está fuertemente influenciado por tu propia interpretación de los hechos. Tal
vez generases expectativas e ideas acerca de cómo te gustaría que se desarrollase tu relación con la persona en cuestión, y te causa sufrimiento que no se cumplan esas expectativas. Si albergamos muchas expectativas, significa
que estamos tratando de condicionar el futuro. Y, si queremos condicionar el futuro, quiere decir que no vivimos en
el aquí y ahora y tampoco experimentamos la vida momento
a momento. Vivir en el futuro supone que no experimentamos el momento presente tal como es.

Entender que somos realmente el mayor contribuyente a nuestro propio sufrimiento ayuda a cambiar la manera en que percibimos las dificultades que afrontamos en la vida. Si no generásemos expectativas y no hiciésemos siempre las cosas de acuerdo al «mí», lo «mío» y el «yo», sufriríamos menos. Explayarnos y consumirnos en el dolor que otra persona nos causa, no nos ayuda en modo alguno. Esa persona hizo lo que hizo y es quien es. No deberíamos tratar de convertirla en santa o en alguien que no es. Ella tiene su propia perspectiva sobre la situación, que muy posiblemente difiera de la nuestra. De hecho, existe una gran probabilidad de que sus acciones sean la respuesta al sufrimiento que nosotros, o alguna otra persona, a sabiendas o no, le hemos infligido.

Al modificar nuestra relación con la situación que nos ha provocado (o nos está provocando) sufrimiento, aprendemos a transformarlo y a utilizarlo como causa para cultivar la felicidad. Sin sufrimiento, sería imposible cultivar la serenidad y la alegría. Por esa razón, el guerrero atento se siente cómodo con su sufrimiento, lo acepta y no intenta eludirlo. Entiende que el sufrimiento es la única razón por la que existe el camino del guerrero atento.

Así pues, en esta parte crucial de la contemplación, inspira y observa profundamente tu sufrimiento, luego espira y sonríete de manera amable y deliberada a ti mismo. Inspira y percibe las situaciones que te han causado sufrimiento, luego espira y suelta esas situaciones. Inspira y experimenta la alegría derivada de entender y aceptar el sufrimiento. Luego espira y permite que esa alegría impregne todas y cada una de las células de tu cuerpo. Inspira y cultiva la alegría en el centro de tu corazón. A continuación, espira y comparte esa alegría con las personas y situaciones que te han hecho sufrir.

6. El ejercicio contemplativo de cultivar la alegría empática concluye devolviendo la consciencia al flujo natural de la inspiración y la espiración y cerciorándote de que no has generado tensión en el cuerpo ni la mente (debido a la reflexión sobre el sufrimiento, tal como hemos explicado antes). Para ello, empieza examinando mentalmente el cuerpo con el fin de comprobar si se siente relajado y cómodo. Luego, tensa deliberadamente los dedos de los pies mientras inspiras y relaja la tensión al espirar. Haz lo mismo con la parte inferior y la parte superior de las piernas, la zona de la pelvis y el estómago: tensa con la inspiración y libera la tensión con la espiración. Empieza en la zona inferior del cuerpo y continúa trabajando en sentido ascendente. Tómate un poco más de tiempo cuando llegues a los hombros y el cuello, asegurándote de que se relajan completamente.

Ecuanimidad

El término pali *upekkha* se traduce en castellano como «ecuanimidad», una palabra procedente del latín *aequanimitas*, que significa tener una mente tranquila, un estado psicológico de calma y estabilidad. La ecuanimidad es una de las piedras angulares de la meditación y facilita el cultivo de la paz espiritual y la confianza en nuestro propio ser. El rumbo cambiante de la vida supone que continuamente afrontemos pérdidas y ganancias, buena reputación y mala reputación, alabanza y censura, así como tristeza y felicidad. Sin embargo, si bien la mayoría de las personas se ven impulsadas por sus emociones y arrastradas de un lado a otro por las circunstancias variables de la vida, el guerrero atento permanece absolutamente firme. Sigue siendo una fuente estable de amor y compasión para los seres sufrientes que siguen atrapados en su propia telenovela.

A menudo, cuando la gente se encuentra con un guerrero atento que encarna y emana auténtica ecuanimidad, malinterpreta su estabilidad y la confunden con la indiferencia. Sin embargo, la indiferencia implica despreocupación, mientras que la ecuanimidad tiene que ver con permanecer tranquilo y centrado de modo que uno pueda ser compasivo de manera eficaz. Por tanto, la ecuanimidad complementa y completa las prácticas de bondad amorosa, compasión y alegría empática. Sin una mente estable y ecuánime, lo más probable es que el guerrero atento se vea consumido por el sufrimiento de sus semejantes. Por consiguiente, podemos considerar que la ecuanimidad es el guardián que vela por la bondad amorosa y la compasión, asegurándose de que funcionan de manera óptima (es decir, a salvo de los enemigos «cercanos» o «lejanos» ya mencionados).

Asimismo, la ética es una habilidad clave que debe estar presente a la hora de cultivar eficazmente la ecuanimidad. Albergar buenas intenciones y obrar siempre de manera ética y sana conduce a una mente fuerte y libre de distracciones. Si decimos y hacemos cosas que nacen del egoísmo, es muy difícil que la ecuanimidad crezca y florezca en la mente. El egoísmo nos mantiene continuamente implicados en disputas mezquinas, haciéndonos ser astutos y engañando a la gente, urdiendo planes para amasar dinero y afrontando las consecuencias de nuestras torpes acciones. Es muy difícil cultivar la auténtica ecuanimidad si estamos implicados en actividades egoístas. Sin embargo, cuando practicamos la integridad ética, es fácil generar tranquilidad mental, así como la confianza en lo que somos y lo que hacemos. Si nuestros pensamientos, palabras y acciones se derivan de la intención correcta, entonces, no importa el modo en que otros decidan juzgarnos, porque podremos mirarnos en el espejo y estar completamente satisfechos con lo que somos.

La ecuanimidad es crucial si deseamos fomentar una genuina comprensión espiritual. Cuando estamos centrados y estables, vemos, escuchamos, olemos, saboreamos y tocamos las cosas sin añadirles o restarles ningún tipo de concepto y experimentamos el momento presente en toda su belleza y esplendor. Percibir las cosas tal como son es un prerrequisito para entender que, en esencia, no existe ninguna diferencia entre la mente y los objetos que percibe. Sin embargo, si percibimos los objetos y las situaciones que nos rodean sin ecuanimidad, es probable que desarrollemos emociones y apegos poderosos hacia esas percepciones. Estas emociones intensas nos harán perder la consciencia meditativa y harán que nos sumerjamos de nuevo en nuestra propia telenovela.

Los enemigos de la ecuanimidad

El enemigo cercano de la ecuanimidad es la indiferencia. Cuando una persona es indiferente, no le importa si los demás se sienten felices o tristes. La gente que es indiferente dice cosas como «no es mi problema», «a quien le importa» y «cada cual tiene que ocuparse de sus propios asuntos». Siempre que sus propias necesidades y las de su familia inmediata o amigos se vean satisfechas, a la persona indiferente no le interesa lo que les ocurra a los demás.

Antes, en este mismo capítulo, nos hemos referido a la fatiga por compasión que, en ocasiones, puede convertirse en un problema para las personas nuevas en la meditación. La indiferencia, por otra parte, es un obstáculo que a veces aqueja a individuos que, supuestamente, están adelantados en su práctica meditativa. Se vuelven indiferentes porque, en lugar de utilizar la meditación para desprenderse de su ego, practican la meditación de tal manera que solo se interesan en ellos mismos. Aunque están atrapados en la idea de que son «meditadores» que viven en paz y son espiritualmente superiores a los demás, tan solo han dado la espalda a los principios del guerrero atento y al mundo en general.

El enemigo lejano de la ecuanimidad es el apego a las personas, los objetos y las situaciones. Debido a que la mayoría de los seres humanos siempre quieren estar en otro lugar o ser algún otro, se sienten atraídos fácilmente por objetos o situaciones que consideran que los conducirán a algo mejor. El apego hace que el detonante sensorial más leve (es decir, una visión, un sonido, un aroma, etcétera) lleve a la persona a perder su claridad de perspectiva y se descubra diciendo y haciendo cosas que no surgen de la sabiduría, sino de una emoción descontrolada.

Cultivar la ecuanimidad

Existen diversas técnicas meditativas que pueden utilizarse para cultivar la ecuanimidad. Sin embargo, la ecuanimidad es algo que se desarrolla de manera natural cuando aplicamos los principios del guerrero atento en nuestras interacciones cotidianas. Dicho con otras palabras, a medida que vivimos y nos exponemos a determinadas circunstancias adversas, cada vez que respondemos con compasión, paciencia, alegría y sabiduría, aumenta la confianza en nuestra propia capacidad y crecemos en ecuanimidad.

La ecuanimidad también surge de la comprensión de que, si bien ciertas personas y situaciones pueden ser cambiadas, otras no. La esencia de esta sabiduría es capturada por la oración de la serenidad que recogemos seguidamente. La oración de la serenidad es una hermosa contemplación escrita por el teólogo estadounidense Reinhold Niebuhr. Si podemos tener presente el significado de esta oración, ello facilitará, sin duda, el cultivo de la ecuanimidad:

Señor, concédeme serenidad para aceptar todo lo que no puedo cambiar,
fortaleza para cambiar lo que soy capaz de cambiar
y sabiduría para entender la diferencia.

8. Soltar

Los monjes budistas siguen un conjunto de reglas de conducta llamado el código del *Vinaya*. Aunque las tradiciones monásticas budistas interpretan el *Vinaya* de diferentes maneras, algunos monjes –en especial los menos experimentados– siguen este código con gran rigor y pueden ser bastante intransigentes en lo que atañe a desviarse de las reglas. Una de las «reglas» del *Vinaya*, relacionada con el comportamiento hacia el sexo opuesto, establece lo siguiente: «Si algún *bhikkhu* [monje], superado por la lujuria, con la mente alterada, entrara en contacto corporal con una mujer, o sostuviese su mano, sostuviese un mechón de su cabello o acariciase cualquiera de sus miembros, ello exigiría reuniones iniciales y posteriores de la comunidad».

Esta es una regla, bastante directa, que pretende evitar que los monjes budistas –sobre todo aquellos que necesitan disciplina externa y responden bien a ella– permitan que el deseo y el apego dominen su mente. Sin embargo, por desgracia, esta regla ha sido llevada a extremos en ciertas tradiciones monásticas budistas, en las que está prohibido que un monje toque a una mujer, o incluso que reciba directamente algo de ella. Por ejemplo, en estas tradiciones, si una mujer desea donar algo a un monje (lo que se conoce como una ofrenda *dana*), no debe entregárselo directamente, sino que debe colocarlo sobre una tela en el suelo, donde el monje pueda recogerlo.

En este capítulo, hablamos de una práctica muy importante que el guerrero atento debe dominar, esto es, la práctica de «soltar». Entrenarse para ser un guerrero atento es, probablemente, el trabajo más arduo que jamás hayamos realizado. Una de las razones por las que resulta tan difícil es que nos obliga a «soltar» todo lo que creemos saber, incluyendo quiénes pensamos que somos. Soltar puede parecernos algo sencillo de llevar a cabo, pero en la práctica no resulta tan fácil. El yo que hemos creado tiene muchas capas y, por tanto, si bien soltarlas puede parecernos una empresa romántica, cuando el ego empieza a sentirse amenazado, llega a ser muy contumaz en sus esfuerzos por reafirmarse a sí mismo. Antes de seguir exponiendo el proceso y la práctica de soltar, nos gustaría relatar una de nuestras historias favoritas referente a los peligros del apego.

Dos monjes, que viajaban de un monasterio a otro, llevaban muchos años practicando la meditación juntos y eran muy buenos amigos. De hecho, no solo eran amigos íntimos, sino que también había una relación maestro-discípulo entre ellos, ya que uno de los monjes era más mayor y había recibido los votos monásticos desde mucho antes de que el otro naciese. El viaje, a pie, era largo y duraba muchos días. Mientras ambos monjes caminaban por bosques y campos, dedicaban mucho tiempo a debatir diferentes aspectos de las enseñanzas budistas.

En cierto momento de su viaje, los monjes oyeron, procedentes de un río cercano, los gritos de una mujer. Corrieron para ver lo que sucedía y vieron, en medio del río, a una mujer desnuda que se ahogaba. El monje mayor se quitó rápidamente el manto, se arrojó al agua y rescató a la mujer. Tras llevar a la mujer desnuda a la orilla del río, la cubrió con el manto que llevaba de repuesto. Y, después de cerciorarse de que la mujer estaba a salvo y en perfecto estado, ambos monjes continuaron con la siguiente etapa de su viaje.

Sin embargo, la segunda parte del viaje fue muy diferente de la primera. El incidente del río afectó bastante al monje joven, quien, durante el resto del viaje, mostró un comportamiento brusco hacia el monje mayor y se negó a hablar con él. Transcurridos unos pocos días, arribaron a su destino, el monasterio en el que se quedarían durante los meses siguientes. A partir de ese momento, el monje joven rechazó al monje mayor, negándose incluso a reconocer su presencia. Sintiéndose consternado, el monje mayor empezó a preocuparse por el comportamiento de su amigo más joven. Cierto día, decidió abordar al monje joven preguntándole con amabilidad:

–Por favor, joven, ¿por qué has cambiado? ¿Qué he hecho para merecer ser tratado de esta manera? Si he dicho o hecho algo que te ha molestado, entonces, lo siento de veras. Debo haberlo hecho sin pensar y sin ninguna intención por mi parte.

–No eres un auténtico monje –replicó el monje joven–. Has roto las reglas del *Vinaya Pitaka* y, como tal, no puedo ya asociarme contigo.

Al escuchar esas palabras, el monje mayor se sorprendió bastante y preguntó qué reglas había quebrantado.

–No solo has tocado a una mujer –respondió el joven–, sino que también estaba desnuda y le diste tu manto monacal.

–Es cierto –dijo el monje mayor–. Yo salvé a la mujer y la transporté a la orilla del río. Y, tras asegurarme de que había recuperado el calor y estaba bien, la dejé allí. Sin embargo, parece que tú aún la llevas sobre tus hombros.

Un libro de reglas

Cuando las normas dirigen nuestra existencia, e incluso impiden nuestro progreso espiritual, tenemos que preguntarnos si estamos permitiendo que la ignorancia gobierne nuestra vida. La mayoría de la gente crea (a veces, sin saberlo) su propio conjunto de reglas y desarrollan ideas fijas acerca de lo que está bien o mal, qué es un comportamiento aceptable e inaceptable y qué tipo de personas son dignas de su amistad. De esta manera, no hacemos sino erigir muros que no consiguen más que cerrar nuestra mente a nuevas personas y experiencias. Así pues, dejamos que nuestra mente construya una prisión a nuestro alrededor, y, a medida que envejecemos, la prisión va estrechándose cada vez más.

No estamos diciendo que las reglas no sean importantes. De hecho, para que la sociedad funcione con eficacia es imprescindible que existan normas que todos cumplamos. Necesitamos reglas para vivir bien y ayudarnos a interactuar con los demás de una manera sana y adaptativa. Por ejemplo, si el perro del vecino ladra toda la noche, ¡no podemos saltar de la cama, coger un arma y dispararle! Las reglas escritas y no escritas de la sociedad dictan que debemos esperar hasta que se presente la ocasión para hablar de manera civilizada con el vecino e intentar resolver el problema.

Sin embargo, además de seguir (o, en algunos casos, no seguir) las leyes del lugar, la gente tiende a crear y seguir sus propias reglas. Como parte de la pertenencia a un grupo o estrato particular de la sociedad, las reglas que formamos nos dictan que no debemos asociarnos ni mantener relaciones con otros grupos o con ciertos tipos de personas. En consecuencia, se levantan barreras invisibles (o, a veces, no tan invisibles) y las personas evitan tener un contacto importante con las que no encajan en los criterios exigidos.

Somos etiquetados por otros y también nos etiquetamos a nosotros mismos y a los demás. Asignamos etiquetas a las personas, tales como «Es un tipo bastante agradable», «Es una persona encantadora, aunque demasiado rápida a la hora de juzgar», o bien «Esa persona es mala». También etiquetamos, de manera más o menos consciente, su conducta y estilo de vida como «apropiado», «inapropiado», «exitoso» o «fracasado». A través de este proceso continuo de etiquetado y elaboración de reglas, nuestra mente se forja la imagen de un «mí», un «mío» y un «yo». Utilizamos a otras personas y sus comportamientos como punto de referencia, lo que nos ayuda a construir nuestra propia identidad y a crear un yo que consideramos independiente, autónomo y separado de todos los demás fenómenos del universo. También creamos una imagen de cuál consideramos que es nuestro lugar en el mundo y de dónde se encuentra, y nuestra mente se aferra a esa creación con gran determinación.

Tomemos el ejemplo de un joven delincuente violento. Hay ciertas reglas que se espera que cumpla si quiere mantener su posición en su banda en particular y en la sociedad en general. La mayoría de las veces, las reglas del mundo de un agresor suponen que su mente está llena de ira, violencia y odio (incluso hacia su propia persona). Si termina en la cárcel, existen muchas probabilidades de que se intensifique el ciclo de violencia y negatividad en el que ha caído. Responder con miedo y rabia se convierte entonces en su modo de ser habitual, siendo fácil para este tipo de persona sentir que no hay salida alguna. El sentimiento de verse atrapados a menudo hace que los jóvenes delincuentes se aferren todavía más a su identidad y a las reglas que definen el mundo en el que viven. En consecuencia, para que un joven que lleva una vida delictiva deje de acatar las reglas destructivas de su mundo interior y exterior, muchas veces se requiere que alguien ajeno a ese mundo le ayude a comprender que, si tiene el poder de crear tal identidad, también tiene el poder de desmantelarla.

El camino del guerrero atento se ocupa de demoler y de reescribir las reglas, creadas por nosotros mismos, que subyacen a todos nuestros pensamientos, palabras y acciones. No importa demasiado si nos atenemos a las reglas de un delincuente o un puntal de la sociedad, de un materialista o un idealista, de un joven o un anciano, de un hombre o una mujer, o de un capitalista en oposición a un socialista, tenemos que aprender a dejar ir lo que pensamos que somos. Si somos lo suficientemente valientes y humildes como para sopesar, como mínimo, la idea de que hemos caído en la trampa de percibirnos a nosotros mismos y al mundo a través de un denso intermediario formado por reglas, etiquetas e ideas fijas autoimpuestas, entonces, maximizaremos nuestras posibilidades de ser más receptivos y de asimilar con éxito los principios del guerrero atento.

Aligerar la carga

La mente de los recién nacidos se halla, por así decirlo, vacía o libre. Ven un objeto y lo recogen. Quizá lo sacudan para comprobar si produce algún sonido. Lo huelen, lo miran y se lo introducen en la boca para probarlo. En suma, lo exploran porque se trata de una experiencia nueva. Entonces ven otro objeto que merece la pena explorar, y una vez más se entregan al mismo proceso de investigación. Pasado un rato, pueden volver al primer objeto y, debido a que su mente no está llena de pensamientos, sentimientos y parloteo mental, perciben el primer objeto como si fuese la primera vez, viéndolo y explorándolo como una experiencia fresca. Sin embargo, en algún momento, en el proceso que nos lleva a convertirnos en adultos, las cosas comienzan a cambiar.

Imaginemos que los pensamientos, sentimientos y formaciones mentales que ocupan nuestra mente son como tallos de paja. Durante nuestros primeros años de vida, esos tallos de paja pueden ser fácilmente manejados porque solo surgen en la mente unos pocos cada vez. En esta etapa de nuestro desarrollo, somos capaces de hacer manojos o fardos limpios y, durante algún tiempo, todo está bastante ordenado y organizado. Sin embargo, a medida que vamos haciéndonos mayores, la cantidad de objetos que llenan nuestra mente aumenta exponencialmente y comienzan a bombardearnos a una velocidad cada vez mayor. Tratamos de organizar y dar sentido al mayor número posible de ellos, pero llega un momento en el que ya no tenemos la disciplina o la capacidad de organizar en fardos ordenados todos los tallos de paja, hasta que terminamos sintiéndonos agobiados y portando sobre nuestros hombros un enorme y caótico montón de paja. Se ha hecho tan grande que cubre nuestra cabeza, ojos, oídos y nariz. Así pues, todo lo que vemos, oímos, olfateamos, saboreamos y tocamos es filtrado –y, por tanto, teñido– por un apilamiento caótico de pensamientos, sentimientos y formaciones mentales.

¿Recuerdas las tres opciones que esbozamos en el capítulo 2? Eran las siguientes:

1. *Permitimos que nuestra mente (con todas sus emociones y parloteo mental) viva nuestra vida por nosotros.*
2. *Dejamos que la mente de otras personas (llena de emociones y de parloteo mental) viva la vida en nuestro lugar.*
3. *Decidimos vivir nuestra vida sin la interferencia de nuestra propia mente ni la de otras personas.*

Vivir de acuerdo a la primera o la segunda opción, es básicamente lo mismo que hace la persona recién descrita, la cual termina viviendo cada día bajo el peso y el obstáculo de un pesado y caótico montón de paja. Sin embargo, si vivimos nuestra vida según el espíritu de la tercera opción, hasta cierto punto, nos convertiremos de nuevo en un bebé o un niño y aprovecharemos al máximo nuestras posibilidades de percibir todas las experiencias como algo nuevo y milagroso. Y esta forma de percibir el mundo facilitará la organización de los tallos de paja en fardos ordenados. De hecho, cuando aprendemos a morar en el momento presente y verlo como algo fresco y único, a la larga también aprendemos a no aferrarnos a los tallos de paja. Aprendemos a soltar las sensaciones, pensamientos y conceptos a medida que surgen en la mente. Por consiguiente, también trascenderemos la etapa de tener que «organizar» los contenidos de la mente, y cultivaremos una mente ligera, libre y sin lastre alguno.

A veces, la gente se pregunta cómo es posible estar «libre de conceptos» mientras nos dedicamos a trabajar y otras actividades de la vida cotidiana. Dicho de otro modo, para funcionar en el mundo tenemos que pensar, planificar y formar ideas. Sin embargo, no es cierto que el guerrero atento no genere pensamientos, ideas o conceptos, lo único que ocurre es que no se aferra a ellos. El guerrero atento entiende que, cuando hacemos planes, estamos creando, a todos los efectos, un contenedor o molde que creemos, o esperamos, que encaje en el futuro. Pero, desde el mismo momento en que forjamos un plan, las condiciones a nuestro alrededor empiezan a cambiar. Eso supone que no importa cuánto deseemos que el molde se adapte correctamente, porque muy a menudo termina teniendo la forma inadecuada. Sin embargo, no es el acto de construir el molde lo que nos causa problemas, sino que las dificultades surgen cuando nos «aferramos» a dicho molde y tratamos de forzarlo para ajustarlo a nuestra situación. Además, la gente suele elaborar planes con una perspectiva limitada, e incluso sesgada, de lo que sucede dentro y alrededor de ellos. Esto significa que, incluso desde el mismo principio, el molde que han creado tiene, muy probablemente, la forma incorrecta.

El guerrero atento planifica todo lo que necesita, pero siempre deja en torno a sus planes algo de «espacio para respirar». Entiende que, si bien forja planes acerca del futuro, este es imposible de predecir con una precisión del cien por cien. Por consiguiente, sus planes, conceptos e ideas son construcciones flexibles que puede adaptar o soltar según sea necesario.

Entre ciertas disciplinas de la salud ha habido un interés creciente, durante la última década, por una enfermedad conocida como síndrome de fibromialgia. Los síntomas principales de la fibromialgia son dolor corporal generalizado, mala calidad del sueño, fatiga y trastornos de la memoria. La enfermedad también se asocia con una mala calidad de vida, ansiedad, depresión y problemas de movilidad. Se calcula que aproximadamente el 3% de los adultos padecen fibromialgia, con tasas más altas en las mujeres que en los hombres. Se sabe muy poco acerca de las causas de la fibromialgia, con lo que la enfermedad está resultando difícil de tratar. En nuestra opinión, el hecho de no saber cómo manejar y soltar el desorden mental (es decir, verse abrumado por un pesado y caótico fardo de paja) desempeña un papel importante en la aparición de dolencias como la fibromialgia. De hecho, esta enfermedad podría ser un ejemplo del modo en que la angustia psicológica puede extenderse al cuerpo en forma de dolor y fatiga. Basándonos en nuestra propia investigación, los individuos aquejados de fibromialgia suelen responder bien al mindfulness porque les ayuda a soltar su carga emocional y a reescribir las reglas que han elegido para vivir.

Deconstruir el yo

Aunque cada uno de nosotros es el principal creador de su propio «yo», dicho proceso de creación no es, en general, algo en lo que participemos de manera consciente, sino que tiende simplemente a suceder. En otras palabras, en el proceso de vivir nuestra vida y de adaptarnos a ella terminamos teniendo, de repente, un sentido muy firme del «mí», lo «mío» y el «yo». Es como si, involuntariamente, hubiésemos construido (y permitido que otros construyesen) una gran mansión con muchas habitaciones en ella. Cada habitación refleja una parte diferente de lo que somos. Tal vez seamos una determinada persona cuando estamos con nuestro cónyuge y familia, pero nos mostramos como alguien diferente cuando nos hallamos en el trabajo. Podemos ser una persona con un amigo, pero un tipo de persona totalmente distinta con otro amigo. Tal vez seamos un tipo de persona cuando estamos en casa, pero alguien diferente cuando estamos de vacaciones. De igual modo, quizá seamos una persona cuando las cosas nos van bien y otra muy distinta cuando las cosas no discurren tan bien para nosotros.

Trata ahora de dedicar un tiempo a explorar cuántos tipos diferentes de «yo» has creado. No hay absolutamente nada malo en el hecho de que tengamos muchos «yoes» distintos. Desempeñamos numerosos roles y, por ese motivo, hasta cierto punto, es inevitable que nos comportemos y nos presentemos de diferentes maneras. Por favor, trata de ser honesto contigo mismo cuando reflexiones de esta manera. ¿Cuántas habitaciones hay en tu mansión? Quizá algunas de las cosas que encuentras en esas habitaciones no sean agradables, pero no te preocupes por ello. Son solo habitaciones que contienen cosas y son algo que simplemente observas. Si lo deseas, puedes entrar en alguna de esas habitaciones y sentarte allí un rato, pero intenta no tocar nada por el momento.

Al explorar la mansión de tu mente, probablemente descubras que has utilizado una cantidad considerable de materiales de construcción. Sin embargo, aunque cada habitación esté repleta de contenidos, es muy posible que la mayoría tenga un valor limitado. Cuando empieces a darte cuenta de esto, trata de evitar la urgencia de llevar a cabo una limpieza a fondo. En lugar de limpiar la mansión, lo que tienes que hacer es derribarla por completo, desmantelando todas las reglas mediante las que has aprendido a vivir.

Durante el proceso de deconstrucción de la mansión, una consideración importante que hay que tener en cuenta es que, dado que cada uno de nuestros pensamientos, palabras y acciones nos ha hecho ser lo que somos en la actualidad, no podemos limitarnos a eliminarlo. Por tanto, a medida que desmontemos la mansión del yo será necesario efectuar algún trabajo de reciclaje. Cuando deconstruimos la mansión del yo debemos disponer el material deconstruido en dos montículos diferentes. Uno de los montículos contiene aquello que puede ser reciclado y utilizado para una nueva construcción. El otro montículo –que debería ser mucho más grande que el primero– contiene el material que queremos descartar por completo.

Una vez que hemos desmontado la mansión ladrillo a ladrillo, etiqueta a etiqueta, regla a regla y concepto a concepto, limpiamos el terreno con el fin de preparar la instalación de nuevos cimientos. Sería inútil e ineficaz tratar de construir en un terreno inestable y lleno de escombros. Limpiar completamente el suelo nos brinda una mejor oportunidad de erigir algo estable y fuerte.

A continuación, nos sentamos un rato en medio de ese terreno despejado y bordeado por un pequeño montículo de material reciclable. Lo que estamos haciendo es sentarnos en el espacio claro y vacío de la mente, un espacio en el que no hay absolutamente ninguna regla que respetar. No existen entidades como «mí», «mío» o «yo» que tengamos que ser, puesto que nos hemos desprendido de todas ellas. Tampoco debemos impresionar a nadie, ni siquiera a nosotros mismos. Aquí, en este espacio vacío de la mente, simplemente somos.

Tras haber dedicado un tiempo a reconocer y disfrutar del espacio vacío de la mente, emprendemos el proceso de reconstrucción. Sin embargo, el nuevo «yo» que vamos a crear es muy diferente del antiguo. De hecho, aunque construyamos un nuevo «yo», no es un yo que pueda ser localizado en un lugar específico en el tiempo y el espacio, sino una entidad dinámica que trabaja en armonía con las condiciones cambiantes de su entorno. Como un espejismo resplandeciente, el nuevo yo será muy hermoso, pero no será algo que pueda ser definido utilizando etiquetas, reglas o conceptos.

El modo en que este nuevo «yo» se relaciona con la vida es, de hecho, muy similar a la experiencia de habitar en el suelo vacío y despejado de la mente al que hemos hecho referencia. La única diferencia es que, para interactuar de forma eficaz con quienes compartimos este mundo, debe haber un «yo» con el que los demás puedan relacionarse. Sin embargo, ese yo solo es, de hecho, una manifestación del espacio vacío de la mente y no es diferente de él. Aunque el espacio claro y vacío de la mente se manifiesta como un «yo» y desempeña su papel en el mundo, hemos soltado cualquier aferramiento a la idea de ser un yo. Este «yo carente de yo», dinámico, adaptable y libre es el yo del auténtico guerrero atento.

Sentado en el centro del universo

El siguiente ejercicio nos ayudará a establecernos y orientarnos en el suelo vacío de la mente para reconstruir este yo dinámico y «carente de yo». Imagina que estás sentado en el centro del universo, no ya como un cuerpo o una forma, sino simplemente como pura energía. Respira y relájate. Contempla los soles, lunas y planetas que hay a tu alrededor. Obsérvalos nacer, vivir y morir. Las cosas aparecen y se disuelven. Inspira y percibe que el universo inspira contigo. Espira y percibe que el universo espira contigo. Tú y el universo sois simplemente energía que llega a existir y luego se disuelve.

1. *Sólido como una montaña*: al inspirar, recoge la energía desnuda y permite que se transforme poco a poco en una montaña. Contémplate a ti mismo como una montaña arraigada profundamente en la tierra y cuya cima llega a lo alto del cielo. Mientras respiras con calma, observa los vientos de la mente que azotan la montaña. Estos vientos son

los pensamientos, sentimientos y parloteo mental que hay en la mente. A veces brilla el sol, a veces llueve, y otras veces la montaña se ve sometida a ventiscas de nieve. Sin embargo, sigues sentado y respirando, sabiendo que no eres esos pensamientos ni sentimientos y que ellos tampoco son tú. Al espirar, percibes tu solidez y tu completa estabilidad. Disfruta de estar aquí durante unos momentos.

Cuando te sientas preparado para ello, deja ir la montaña y permite que se disuelva en la tierra. Recuerda que todas las cosas cambian. La montaña se disuelve en la tierra, mientras que la tierra, a su vez, se disuelve en el universo. Finalmente, permite que el universo se disuelva en ti para que, una vez más, se transforme en mera energía. En este momento, observa que las cosas advienen a la existencia y luego desaparecen. Respira, relájate y suelta.

2. *Fresco como una flor*: Al inspirar, recoge la energía desnuda y permite que se transforme delicadamente en una flor. Contémplate como una flor profundamente arraigada en la tierra. Mientras respiras con calma, observa los vientos de la mente que transportan pensamientos, sentimientos y parloteo mental. Respira y relájate. Permite que la flor se cimbree cuando soplan los vientos de la mente. Una vez que el aire amaina, la flor vuelve a estar erguida y hermosa. Gotas de rocío se forman en sus pétalos mientras se baña en los rayos matutinos del sol. Déjate refrescar por las gotas de rocío. Disfruta durante unos momentos de estar aquí.

Cuando te sientas preparado para ello, deja ir la flor y recuerda que todas las cosas cambian. Haz como hiciste con la montaña y permite que la flor se disuelva en la tierra. Entonces deja que la tierra, a su vez, se disuelva en el universo. Por último, permite que el universo se disuelva en ti para que, una vez más, se transforme simplemente en energía. Entonces, observa que las cosas llegan a existir y luego se disuelven. Respira, relájate y suelta.

3. *Libre como una nube en el cielo*: al inspirar, recoge la energía desnuda y permite que se transforme amablemente en una nube. Visualízate como una nube ligera, blanca y libre en el cielo. Mientras respiras tranquilamente, observa los vientos de la mente que soplan a través de la nube. Observa cómo esos vientos formados por pensamientos, sentimientos y parloteo mental dejan tras de sí partículas. Aunque no queramos, nos aferramos sutilmente a ellas. A medida que esos vientos siguen soplando, la nube acumula estas partículas y se vuelve cada vez más pesada y oscura, hasta adquirir una apariencia negra y amenazadora. Sin embargo, nosotros seguimos sentados respirando. Somos tan sólidos como una montaña y tan frescos como una flor. Entendemos que todas las cosas cambian. No somos los contenidos de la nube y ellos tampoco son nosotros. Disfruta durante unos momentos de estar aquí.

Cuando te sientas preparado, suelta todas esas partículas acumuladas y déjalas caer en forma de lluvia para que se disuelvan de nuevo en la tierra. Al soltarlas, la nube vuelve a ser ligera y blanca y a moverse en completa libertad por el cielo. Una vez que la lluvia se ha absorbido en la tierra, permite que la tierra, a su vez, se disuelva en el universo. Por último, deja que el universo se disuelva en ti para, una vez más, transformarse simplemente en energía. Entonces, observa que las cosas llegan a existir y luego se disuelven. Respira, relájate y suelta.

4. *Tranquilo como el agua quieta que refleja*: al inspirar, recoge la energía desnuda y permite que se transforme amablemente en un lago. Contémplate como un lago de aguas tranquilas y serenas y observa los vientos mentales que hacen que se ondule su superficie. Siéntate y respira con paciencia y comprensión, permitiendo que los vientos soplen sobre ti. Transcurrido un tiempo, el lago vuelve a estar totalmente tranquilo y a reflejar todo cuanto existe. Refleja la montaña sólida, la flor fresca y la nube libre en el cielo. El lago también refleja cada gota de lluvia que se derrama desde la nube. Mientras eres esta agua tranquila, surge la comprensión de que todas esas gotas de lluvia –pensamientos, sentimientos y parloteo mental– son simplemente reflejos carentes de sustancia. Disfruta durante unos momentos de estar aquí.

Cuando te sientas preparado para ello, deja ir el lago y recuerda que todas las cosas cambian. Permite que el lago se disuelva en la tierra, luego la tierra se disuelve, a su vez, en el universo; por último, el universo se disuelve en ti para, una vez más, transformarse simplemente en energía. Entonces, observa que las cosas advienen a la existencia y luego se disuelven. Respira, relájate y suelta.

5. *Una preciosa vida humana*: al inspirar, recoge la energía desnuda y permite que se transforme poco a poco en la muy rara y preciosa entidad conocida como ser humano. Presta atención a tu respiración y observa los vientos que soplan en tu mente. Has comprendido que los contenidos de la mente no son tú y que tú no eres ellos. Por tanto, siéntete tan sólido como una montaña, fresco como una flor, libre como una nube en el cielo, tranquilo como el agua quieta que refleja todas las cosas, y permite que la mente disfrute de lo que contiene el aquí y ahora, sin agregarle ni sustraerle nada. Sencillamente experimenta este precioso momento tal como es, luego, suéltalo dejando espacio para el siguiente momento precioso. Disfruta durante unos momentos de estar aquí.

Cuando te sientas dispuesto, deja ir este precioso cuerpo humano y recuerda que todas las cosas cambian. Permite que el cuerpo se disuelva en la tierra, entonces, deja que la tierra, a su vez, se disuelva en el universo; por último, permite que el universo se disuelva en ti para que, una vez más, se transforme simplemente en energía. Entonces, observa que las cosas llegan a ser y luego se disuelven. Respira, relájate y suelta.

La práctica repetida de la meditación recién esbozada facilita la comprensión de que todas las cosas son transitorias, incluyendo nuestros pensamientos, sentimientos, parloteo mental, etcétera. Como veremos en el siguiente capítulo, puesto que sabemos que todas las cosas son provisionales, es absurdo e inútil que intentemos retenerlas. El «yo carente de yo» del guerrero atento se deleita y baila con el momento presente. En ausencia de reglas, etiquetas y desorden, nada puede adherirse a su mente y constreñirlo.

El auténtico guerrero atento es alguien que se ha soltado completamente de sí mismo y que no está atado por las nociones de «mí», «mío» o «yo».

9. Mindfulness del nacimiento, mindfulness de la muerte

Según la Agencia Central de Inteligencia de los Estados Unidos, aproximadamente ocho de cada mil personas que vivían a principios de 2013 fallecieron durante los doce meses siguientes. Esta cifra, conocida como tasa de mortalidad general, supone que casi el 0,8% de la población mundial muere cada año. La cifra de 0,8% puede no parecernos demasiado elevada, pero, según los niveles actuales de la población mundial, equivale a 107 muertes humanas cada minuto o cerca de dos muertes cada segundo. De ese modo, si normalmente nos acostamos a las diez y media de la noche y dormimos durante ocho horas, para cuando nos despertemos, a las seis y media, habrán fallecido más de 50.000 personas. La muerte es algo muy común, mucho más corriente de lo que la mayoría de la gente está dispuesta a reconocer. La causa más habitual de muerte es la enfermedad, incluyendo la enfermedad durante la vejez. Sin embargo, otras causas de muerte bastante comunes son los accidentes, suicidios y homicidios. La muerte también puede ser causada por acontecimientos aleatorios como un rayo.

A pesar del hecho de que la muerte es un suceso común, la gente puede mostrarse muy complaciente al respecto y caer en la trampa de asumir que nunca les ocurrirá a ellos. Sin embargo, mostrarse complaciente con la muerte puede ser un obstáculo importante para avanzar en el camino del guerrero atento. La transitoriedad y la muerte son cosas que encontramos en cada momento de nuestra vida, y si elegimos no ver o no ser conscientes de estas realidades, entonces, además de sucumbir a la cobardía, nos estaremos engañando a nosotros mismos. Los principios del guerrero atento requieren que seamos lo suficientemente valerosos como para abrazar la muerte e incluir la transitoriedad en nuestro campo de consciencia. Si no lo hacemos, es decir, si no dedicamos tiempo a cultivar una profunda comprensión de la muerte y apreciar la fragilidad de la vida, lo más probable es que abandonemos este mundo llenos de temor, angustia y pesar.

La vida: una experiencia cercana a la muerte

En las décadas de 1960 y 1970, la psiquiatra Elizabeth Kubler-Ross y el psicólogo y médico Raymond Moody desempeñaron un papel fundamental al atraer la atención del gran público en general y de la comunidad científica en particular sobre el fenómeno de las experiencias cercanas a la muerte (ECM). El estudio científico de las ECM –sobre todo antes de la década de 1990– suscitaba cierto escepticismo entre psicólogos y profesionales de la medicina. Sin embargo, en los últimos años, la comunidad psicológica y médica se ha abierto cada vez más a la posibilidad de que las ECM sean un fenómeno auténtico que entra dentro del rango de la experiencia humana. Las ECM suelen asociarse con un patrón particular o conjunto de experiencias que pueden ocurrir cuando una persona se acerca a la muerte, cuando está a punto de morir, o bien se encuentra en el periodo comprendido entre la muerte clínica y la reanimación. Las ECM suelen implicar alguna, o una combinación, de las siguientes características: 1) experiencia extracorporal, 2) experiencia de desplazarse a través de un túnel, 3) comunicación con un ser de luz, 4) encuentro con personas fallecidas, o 5) revisión de la vida. Si nos basamos en estas características, o criterios «diagnósticos», las ECM no son demasiado frecuentes. Sin embargo, si alteramos ligeramente los criterios definitorios, es posible argumentar que cada ser vivo está inmerso, de hecho, en una «experiencia cercana a la muerte».

Desde el momento en que nacemos, cada segundo que pasa nos acerca a nuestra muerte. Incluso el hecho de ser jóvenes no supone ninguna garantía de que seguiremos viviendo, ya que la muerte puede golpearnos a cualquier edad. De hecho, algunas personas mueren mientras todavía se hallan en el vientre materno, otras en la infancia, y otras en la adolescencia. Hay personas que fallecen en la flor de la edad adulta y otras, en la vejez. La vida es como la arena que se precipita en el interior de un reloj de arena. Aunque hay personas que disponen de más arena que otras, tarde o temprano, todas terminamos del mismo modo. Así pues, nacemos, vivimos y también moriremos.

Aunque el cuerpo humano es una entidad hermosa y maravillosa, la invulnerabilidad no es una de sus fortalezas. Un pequeño pinchazo con un objeto puntiagudo, el contacto con una sartén caliente, un dedo atrapado en una puerta son tan solo algunos ejemplos de cómo el menor infortunio puede causarnos tremenda incomodidad y dolor. De hecho, solo tiene que producirse un pequeño desequilibrio en el ambiente externo para que el cuerpo empiece a languidecer. Las condiciones ambientales, como el calor excesivo, el frío extremo, la escasez de agua o la falta de alimentos, pueden llevarnos rápidamente a la muerte. Incluso cuestiones menores, como ingerir un poco de comida en malas condiciones, contagiarse con el virus común de la gripe o resbalar en el hielo, también pueden hacer que perdamos la vida. De hecho, en un momento dado, lo único que nos separa de la muerte es una sola inspiración y espiración. Es como si el ser humano funcionase con un sistema de supervivencia «en el momento», lo que supone que el menor retraso en la ingesta de aire, agua, alimentos o medicamentos puede acarrear consecuencias fatales. Esto es lo que declaró el Buddha sobre la naturaleza fugaz de la vida:

Esta existencia nuestra es tan transitoria como las hojas de otoño. Observar el nacimiento y la muerte de los seres es como contemplar los movimientos de una danza. Una vida entera es como un relámpago en el cielo, se precipita a su final como un torrente por una montaña empinada.

El juego de la vida

Desde la perspectiva del cultivo de una profunda consciencia de la muerte, y de aplicarse seriamente a la práctica espiritual, parece que algunas personas son reacias a hacerlo porque creen que la muerte representa el final de su existencia. Esto se relaciona con el dilema que denominamos «el juego de la vida», es decir, la simple decisión de si implicarse o no en una práctica espiritual. Este es un tipo de «elección primordial» que va más allá de religión, etnia, riqueza, sexo y cultura. En realidad, puesto que se trata de una decisión que nos afecta a todos por igual, los seres humanos podrían ser definidos como «jugadores de la vida». Por un lado, el jugador puede optar por adoptar una perspectiva centrada en sí mismo y apostarlo «todo» a la creencia de que no hay vida después de la muerte y que tampoco se deriva ninguna responsabilidad por nuestras acciones en esta vida ni más allá. Después de todo, si esta vida es lo único que hay, ¿por qué perder el tiempo pensando en otra cosa que no sea la ciega complacencia? Por otro lado, el jugador de la vida también puede optar por «asegurar su apuesta», cultivando el bienestar incondicional durante esta vida y preparándose para la muerte.

Desde el punto de vista de lo que ocurre durante y después de la muerte, es posible argumentar que el primer escenario refleja una estrategia de «alto riesgo y baja recompensa» porque, si el jugador de la vida se equivoca y la «esencia de la mente» continúa más allá de esta vida, entonces, hay muchas probabilidades de que, en el momento de su muerte, experimente angustia, arrepentimiento y desorientación. El segundo escenario, en cambio, constituye una estrategia de «bajo riesgo y alta recompensa» porque, si descubre que no hay «existencia» después de la muerte, entonces, no habrá ningún flujo de consciencia que experimente arrepentimiento por haberse dedicado innecesariamente a la práctica espiritual. Sin embargo, si resulta que el hilo de la consciencia sutil realmente perdura a lo largo de existencias sucesivas, el jugador de la vida no solo cosechará el beneficio de la práctica espiritual durante esta vida, sino que también estará mejor equipado para afrontar, con mayor confianza y consciencia, cualquier cosa que suceda durante y después de la muerte. De igual modo, y dependiendo de si uno suscribe la creencia en la reencarnación, la persona que asegura su apuesta también está mejor posicionada para promover su progreso espiritual durante las vidas posteriores hasta que alcance la liberación.

La frase «arriesgar la vida» se utiliza a veces para referirse a personas que llevan a cabo actividades que ponen en peligro su vida o son potencialmente peligrosas. Sin embargo, si uno acepta que la reencarnación es al menos una posibilidad, entonces, podría decirse que la persona que elige no comprometerse seriamente con la práctica espiritual está «arriesgando sus vidas».

Cuando enseñamos meditación a practicantes budistas o no budistas, siempre les sugerimos que, de vez en cuando, dediquen un tiempo a considerar cuál es la «estrategia en el juego de la vida» que siguen actualmente. Por ejemplo, si en este momento asumen el enfoque de «alto riesgo y baja recompensa» y se hallan preocupados sobre todo en asegurar su propio confort y éxito durante esta vida, han de sopesar si las recompensas a corto plazo superan el riesgo para su bienestar espiritual a largo plazo. Por otro lado, si la persona se considera «practicante espiritual» (es decir, alguien que asume un enfoque de «bajo riesgo y alta recompensa»), debe preguntarse si su práctica está bien encarrilada, o si permite que su ego le engañe o mienta. Por ejemplo, ¿pretendemos mejorar nuestra imagen pública o profesional? ¿Estamos más interesados en que se nos vea como alguien que practica mindfulness, en lugar de internalizar verdaderamente la práctica? ¿Es nuestra práctica un medio de evadirnos para eludir temporalmente nuestros problemas? ¿Nuestra práctica contribuye de manera tangible a que afrontemos la muerte con la intrepidez de un guerrero?

La ley natural de la transitoriedad

Siempre que impartimos una charla sobre meditación o sobre práctica espiritual y señalamos que una ley natural de la realidad es la transitoriedad de todo cuanto existe, hay alguien que duda de la verdad de esta afirmación y trata de aportar un ejemplo de algo que no experimenta cambios. Sin embargo, la verdad es que todos los fenómenos, sin excepción, están sujetos a cambios y, en última instancia, a la disolución. El cuerpo humano es transitorio, los amigos y la familia son transitorios, el planeta en el que vivimos es transitorio, e incluso el universo dejará de existir en última instancia. Absolutamente nada escapa al ciclo de la transitoriedad. Consideremos cuántos gobernantes y regímenes poderosos ha habido a lo largo de la historia. Sin embargo, ninguno de ellos ha perdurado todo el tiempo. Los líderes son derrocados, los oprimidos se convierten en gobernantes, los ricos, en pobres, y los pobres, en ricos.

Cuando éramos monjes budistas, nunca hubo un momento en el que estuviésemos seguros de cómo iba a desarrollarse nuestra vida. Nuestras circunstancias nunca han sido las mismas y, en diferentes momentos de nuestra vida, hemos sido ricos y pobres, hemos estado sanos y enfermos, o hemos sido alabados y vilipendiados. Por ejemplo, en una época, fundamos un monasterio budista en el norte de Gales y mucha gente acudió a practicar en él. Éramos muy queridos y la gente decía cosas agradables de nosotros. Sin embargo, unos años más tarde, un familiar del venerable William Van Gordon (que no solo creía que el venerable Edo Shonin era un charlatán, sino que aparentemente tenía problemas para aceptar la vida de William y sus opciones espirituales) contó una historia a un periódico sensacionalista en la cual se decía que dirigíamos

una secta. Al poco de ser publicado el artículo en ese periódico, mucha gente dejó de practicar con nosotros y nos volvimos
impopulares. Hubo unos cuantos individuos que se dedicaron
a difundir el artículo del periódico, o las afirmaciones que con-
tenía, a través de internet. Algunas personas dijeron que, debido a que no demandábamos al periódico, las afirmaciones
debían ser ciertas y que no éramos «auténticos» monjes. Sin
embargo, cuando finalmente nos convencieron de demandar al
periódico, la misma gente dijo que tampoco podíamos ser considerados «auténticos» monjes porque los monjes no hacen
ese tipo de cosas. Más tarde, no obstante, después de que el
periódico se disculpase y nos indemnizase con una gran suma
de dinero, muchas de estas personas cambiaron de opinión
y, una vez más, empezaron a decir cosas agradables y querían
volver a practicar con nosotros. Por tanto, pasamos de ser populares, a ser odiados, y de nuevo a ser populares en un breve
lapso de tiempo. Presumimos que, en el futuro, habrá momentos en los que volveremos a ser odiados, o quizá nos volvamos
muy populares. ¿Quién sabe? La cuestión es que, debido a la
transitoriedad, no hay nada de lo que podamos estar completamente seguros.

Todos los fenómenos son transitorios y están sujetos al en-
vejecimiento y la decadencia. Debido a que estamos seguros
de que, si un objeto existe en la actualidad, dejará de hacerlo,
podemos asumir con certeza que los fenómenos no son estáticos, sino que experimentan un cambio continuo. Por tanto, la
ley de la transitoriedad posee dos aspectos principales. El pri-

mero es que todas las cosas mueren o se disuelven, y el segundo es que los fenómenos se hallan sometidos a un estado de constante flujo. Por consiguiente, aunque no nos lo parezca, cada vez que miramos a alguien o algo, en realidad estamos viendo la transitoriedad en acción. Si nos contemplamos en el espejo y lo volvemos a hacer una hora después, puede parecernos que no hemos cambiado, sin embargo, cualquier científico o médico nos dirá que eso no es cierto. Innumerables células nuevas habrán sido producidas por nuestro cuerpo y un sinfín de células y compuestos habrán muerto o sido destruidos. De hecho, no solo nuestro cuerpo habrá cambiado, sino también nuestros sentimientos y estado de ánimo, el aire y la atmósfera que nos rodea y, creámoslo o no, el espejo en sí tampoco será el mismo.

La transitoriedad nos envuelve. Respiramos transitoriedad, comemos transitoriedad y bebemos transitoriedad. La transitoriedad es el tejido fundamental que constituye la realidad. Si algo existe, su naturaleza básica es la transitoriedad. Sin embargo, aunque la ley de la transitoriedad significa que todo cambia y que, en última instancia, ha de morir, de hecho, gracias a la transitoriedad pueden nacer nuevas cosas. En ausencia de la muerte, no podría haber nacimiento. Si las plantas, insectos, animales y seres humanos no muriesen y se descompusieran, no habría alimento ni energía disponible para la vida futura.

Por tanto, la transitoriedad es un componente esencial de la vida. La muerte alimenta el nacimiento, y el nacimiento alimenta la muerte. Así pues, debemos tratar de no considerar la transitoriedad como algo negativo o triste, porque no es buena ni mala, sino tan solo lo que es. Cuanto antes reconozcamos la transitoriedad y aceptemos el hecho de que todas las cosas tienen que morir, más fácil nos resultará apreciar que dedicar tiempo a comprender y prepararse para la muerte es algo que no debemos seguir postergando. El Buddha expuso este principio de la siguiente manera:

> No persigas el pasado. No te pierdas en el futuro. El pasado es historia. El futuro está por venir. Contemplando profundamente la vida tal como es aquí y ahora, el practicante permanece libre e imperturbable. Debemos ser diligentes hoy, pues la muerte puede golpearnos mañana. No hay negociación con el señor de la muerte.[17]

Dedicar tiempo a la muerte

Según nuestra experiencia, cualquier tipo de engaño respecto a la muerte desaparece rápidamente cuando la gente se encuentra a sus puertas. De hecho, como monjes budistas a quienes se les pide con frecuencia que visiten a las personas que agonizan, para nosotros es tan triste como frecuente ser testigos de intensos sentimientos de arrepentimiento, ira y temor. Podemos creer que, cuando llega la hora de la muerte, es fácil desconectar y simplemente dejar ir las cosas. Por desgracia, no funciona así. De hecho, a menudo ocurre que, al morir, el aferramiento y el apego de la persona a su familia, amigos, posesiones y reputación se vuelven aún más feroces e intensos. Sin embargo, cuando los últimos granos están a punto de escurrirse dentro del reloj de arena, el dinero, las pertenencias, la familia y el estatus no cuentan para nada. No podemos llevarlos con nosotros. Tenemos que dejar la vida exactamente de la misma manera que entramos en ella: solos y desposeídos.

Si hemos pasado mucho tiempo con personas que están en los últimos momentos de su vida, es posible que hayamos observado un escenario o patrón de comportamiento bastante común. Ocurre a mitad de camino de lo que ciertas enseñanzas budistas llaman el «*bardo* de la agonía» (*bardo* es una palabra tibetana que significa «estado intermedio»). El *bardo* de la agonía se refiere, básicamente, al periodo inmediatamente anterior a la muerte. Durante este periodo de agonía, a menudo hay un momento en que la persona moribunda todavía es lo suficientemente consciente de lo que le ocurre, pero se da cuenta de que el final de su vida se halla tan solo a unas pocas horas o días de distancia. En este punto, palidece el color que hay en su rostro. En conjunción con esta pérdida relativamente repentina de la tez, el rostro y los ojos de la persona asumen un determinado aspecto. Su apariencia denota un momento de discernimiento espiritual y de ampliación de su perspectiva, pero también un sentimiento de completa impotencia.

Esta apertura repentina y temporal de la mente ocurre porque, a medida que el cuerpo se debilita y apaga poco a poco, la mente se encuentra más libre y menos limitada. En este momento, a la persona le resulta más fácil presenciar su vida casi como un observador y situarla en el esquema más amplio de las cosas. Con esta «perspectiva espiritual», que surge en ciertas etapas del proceso de agonía, es mucho más fácil que el individuo perciba que todo el esfuerzo y la preocupación que invirtió para abrirse camino y convertirse en alguien han sido, en última instancia, una pérdida de tiempo. Sus esfuerzos pueden haberle procurado alguna recompensa a corto plazo, pero la mayoría de las veces, esto no le ha ayudado a evolucionar como ser humano. De hecho, en su afán por obtener las cosas que quería, es posible que en el proceso actuara de manera egoísta e hiciese daño a otras personas. Por eso, hemos dicho antes que no es inusual que las personas que agonizan se vean asaltadas por el remordimiento.

Pero la experiencia, antes mencionada, de contemplar la imagen completa no se manifiesta tan solo en el momento de la muerte, porque también puede ocurrir durante la vida. A veces sucede, sin motivo aparente, como un repentino destello de comprensión que cambia completamente la perspectiva vital de una persona. Sin embargo, la mayoría de las veces, estos momentos de discernimiento espiritual son desencadenados por un acontecimiento significativo o traumático, como verse implicado en un accidente grave o la pérdida de un ser querido. Todos, incluidos aquellos individuos que pretenden no tener ningún interés en la práctica espiritual, experimentamos estos momentos de claridad en algún punto de nuestra existencia. No obstante, casi todas las personas eligen, por desgracia, ignorar el significado de esta experiencia, o deciden que se centrarán en el desarrollo espiritual cuando sean viejos y dispongan de más tiempo libre.

Aunque nunca es demasiado tarde para emprender la práctica espiritual, la muerte es algo que tiende a aproximarse de manera sigilosa y por sorpresa. En los momentos finales, no hay mucho que se pueda hacer para cambiar la forma en que la persona se ve a sí misma y su lugar en la vida. La condición humana es verdaderamente asombrosa, puesto que los seres humanos carecemos de límites en cuanto a desarrollar y expandir nuestra mente. Sin embargo, si posponemos las cosas hasta que sea demasiado tarde y elegimos no abrazar los principios del guerrero atento, somos como la persona que soporta todo tipo de adversidades para viajar a una isla que alberga un tesoro, pero luego olvida por qué está allí y retorna con las manos vacías.

Mindfulness de la muerte

Podemos considerar que es inapropiado o injusto por nuestra parte discutir la realidad de la muerte de una manera tan directa y abierta como lo hacemos aquí. Sin embargo, creemos que cuanto antes la persona acepte plenamente que en algún momento indefinido morirá, más pronto podrá empezar a prepararse para la muerte, en lugar de esperar hasta que sea demasiado tarde. Al cobrar consciencia de la muerte, estamos siendo completamente honestos y transparentes con nosotros mismos y con la naturaleza de la realidad en general. Cuando ya no intentamos escondernos de la muerte, ni pretendemos que somos inmunes a ella, descubrimos que se torna mucho más fácil respirar e inmediatamente nos sentimos más seguros, relajados y en paz.

Desde la perspectiva del desarrollo gradual de la consciencia de la muerte, una manera eficaz de llevarlo a cabo consiste en concluir cada sesión de meditación contemplando específicamente, durante unos minutos, la naturaleza transitoria tanto de los fenómenos en general como de nosotros mismos. Luego, tenemos que trasladar esta consciencia a nuestras ocupaciones cotidianas para no olvidar la transitoriedad mientras llevamos a cabo dichas actividades. Aunque, sin duda, no es cuestión de repetirnos de manera machacona que las cosas son transitorias; se necesita un esfuerzo decidido para desarrollar una visión clara que nos permita percibir en todo momento la transitoriedad. Una técnica adicional para cultivar dicha consciencia consiste en practicar meditaciones centradas en la muerte o el proceso de agonía. Estas meditaciones suelen implicar visualizar con minuciosidad y ecuanimidad el propio cuerpo a medida que avanza a través del proceso de descomposición y disolución posterior a la muerte. Para una exposición pormenorizada de este tipo de meditación, podemos leer las nueve «contemplaciones del cementerio», de las que se habla en las enseñanzas budistas clave referentes al mindfulness, incluyendo el *Satipatthāna Sutta*, el *Mahasatipatthāna Sutta* y el *Kāyagatāsati Sutta*.

Sabremos que nuestra práctica del mindfulness de la muerte es correcta porque, con cada respiración y latido cardiaco, nos tornaremos profundamente conscientes de la incertidumbre de la hora de la muerte, así como de su inevitabilidad. Las situaciones que antes nos resultaban estresantes ya no nos afectarán, y nuestra perspectiva de la vida se volverá vasta y espaciosa. Si una persona acude a nosotros para quejarse o protestar, en lugar de llamarle la atención o responder con un comentario ingenioso, podremos tomar distancia y responder con compasión y dulzura. Percibiremos lo absurdo que es pelear o discutir y, sin ningún esfuerzo deliberado por nuestra parte, experimentaremos amor y bondad genuina hacia la persona que sufre y que tenemos ante nosotros.

El mindfulness de la muerte nos ayuda a priorizar lo que es importante en la vida. Si nos sentimos estresados a causa de nuestro trabajo, finanzas, salud o relaciones, tal vez deberíamos preguntarnos si realmente merece la pena preocuparse por este tipo de cosas. Dentro de cien años, es seguro que tanto nosotros como la persona o la situación que nos preocupa dejaremos de existir. De hecho, ¿podemos siquiera albergar la certeza de que seguiremos vivos o sanos durante un día más? No decimos que debamos preocuparnos de manera constante por la muerte, pero apreciar plenamente que la muerte nunca anda demasiado lejos puede ayudarnos a poner las cosas en perspectiva.

Lo más hermoso es que, al permitir que la comprensión de la transitoriedad impregne nuestro ser, aprendemos, poco a poco, a no aferrarnos demasiado a las cosas. Eso significa que, si la gente y las cosas que amamos están presentes, podemos apreciarlas verdaderamente, pero, cuando desaparecen, también las dejamos ir con mayor libertad. De hecho, la investigación demuestra que una mayor aceptación e interiorización de la transitoriedad mitiga la angustia psicológica y contribuye al desarrollo y la recuperación tras la exposición a situaciones traumáticas. Por ejemplo, se entiende que el proceso de duelo comienza, por lo general, con un periodo de *shock* y luego atraviesa las fases de angustia y negación, luto y, finalmente, recuperación. Sin embargo, parece que una mayor familiarización con la naturaleza provisional de la vida ejerce una especie de efecto de resiliencia que mitiga el proceso de duelo y provoca que la fase de recuperación se inicie más temprano. Esto concuerda con los hallazgos de nuestra propia investigación, los cuales muestran que el mindfulness de la transitoriedad no solo ayuda a la gente a soltar el dolor psicológico, sino que también es una experiencia gozosa y espiritualmente enriquecedora.

Cada vez que hacemos algo, lo hacemos por primera y última vez. Cada respiración es nueva. El momento presente se desvanece exactamente en el mismo instante en que se manifiesta. Este reconocimiento contribuye a investir de gran significado nuestras acciones y palabras. Todos los fenómenos son transitorios; no pueden perdurar aunque quieran. Por tanto, permitamos que la experiencia se desarrolle sin aferrarnos a ella, disfrutando profundamente de la práctica de sentarnos tranquilamente a observar el nacimiento y la muerte de los fenómenos.

Más allá de la muerte

En principio, la práctica del mindfulness de la transitoriedad se ocupa de apreciar profundamente que la vida es, en realidad, sumamente valiosa y que la muerte no es cuestión de «si» ocurrirá, sino, más bien, de «cuándo». Sin embargo, el mero hecho de observar el momento presente y de permanecer calmado y tranquilo sin importar lo que suceda, también ayuda a prepararnos a afrontar la muerte con serenidad e intrepidez. Dependiendo de lo lejos que hayamos avanzado en el camino del guerrero atento, variará nuestra comprensión de lo que sucede durante la muerte. Al principio, la muerte puede parecernos un completo misterio, pero a medida que seguimos explorando nuestro yo interno, es posible que ocurran ciertas experiencias meditativas relacionadas con ella. Debemos intentar no considerar estas experiencias como algo místico o especial, porque son muchos los practicantes espirituales avanzados que informan de haberse encontrado con ellas en algún momento de su viaje contemplativo. Sin embargo, aunque no podamos vislumbrar, mientras estemos vivos, lo que es la muerte, los preparativos que llevemos a cabo gracias a la práctica del mindfulness no serán en vano.

En cualquier caso, aunque todavía no nos hayamos embarcado en un camino espiritual auténtico y, por tanto, no hayamos hecho ningún preparativo en este sentido, es absurdo temer a la muerte. El miedo a la muerte es básicamente miedo a lo desconocido. Sin embargo, por esta misma razón –es decir, que no sabemos lo que pasará al morir– carece de sentido tener miedo. Solo porque no podamos concebir algo, no significa que debamos temerlo. Esta es una consideración importante porque la mente es muy poderosa, y en especial en el momento de la muerte. De hecho, si afrontamos la muerte con temor, es probable que la experiencia sea completamente aterradora. Así pues, dado que no sabemos con certeza qué ocurrirá al morir, lo más sensato es afrontar la muerte sin temor y con una mente abierta, compasiva y generosa.

Según ciertos textos budistas, a medida que la mente empieza a retirarse del cuerpo y predominan las cualidades más sutiles de la consciencia, experimentamos distintas sensaciones, sonidos y visiones. Algunos ejemplos incluyen el olor y la visión del humo y las luciérnagas, experimentar una gran pesadez que imposibilita el movimiento o sentirse muy ligero, sentir calor y frío, ver luces e imágenes brillantes, sentir que no podemos respirar, o que estamos rodeados de agua, escuchar truenos y sonidos poderosos, encuentros con otros seres (incluyendo presencias celestiales o iracundas), viajar a la velocidad del pensamiento y atravesar objetos sólidos. Sin embargo, las visiones y experiencias que acaecen durante la muerte son muy parecidas a un sueño y no son sino el producto de nuestra propia mente. En consecuencia, lo que tenemos que hacer es observarlas con ecuanimidad y dejarlas ir y venir sabiendo que son transitorias. En cambio, si alimentamos estas proyecciones mentales con el apego y la aversión, existe –según las enseñanzas budistas– una gran probabilidad de que nos veamos abrumados por ellas.

De ese modo, al igual que nos ocurre en vida, lo que experimentamos durante la muerte está directamente influenciado por nuestra propia percepción y por nuestra capacidad de soltar. Si nos detenemos a reflexionar en ello, veremos que, en los ejemplos anteriores de posibles experiencias que suceden durante y después de la muerte, no hay en realidad nada que sea esencialmente diferente del tipo de cosas que experimentamos cuando estamos vivos o soñando. Cuando soñamos, encontramos seres agradables y desagradables todo el tiempo, sentimos calor y frío, escuchamos ruidos repentinos y poderosos, o hacemos cosas extrañas como volar.

La verdad es que, en el nivel último o absoluto, «nacimiento», «vida» y «muerte» son conceptos creados por el ser humano. La palabra «nacimiento» implica que algo empieza, mientras que la palabra «muerte» significa que algo termina. Sin embargo, de acuerdo con la filosofía budista, esto no es del todo exacto porque nacimiento, vida y muerte son etapas que se manifiestan en un mismo continuo mental. Por ejemplo, cuando dormimos y empezamos a soñar, es como si una fase de nuestra vida (es decir, la realidad de vigilia) llegara a un final temporal, y comenzase otra fase (la realidad onírica). Repetimos este ciclo cada veinticuatro horas. Sin embargo, para poder soñar, tiene que haber una mente preexistente a partir de la cual se manifieste la consciencia onírica. De igual modo, cuando concluye el sueño y despertamos, debe existir una mente a partir de la cual se manifieste la consciencia del estado de vigilia. Un día, el cielo puede llenarse de nubes grises y, otro día, de nubes blancas, pero el cielo en sí mismo no cambia, sino que simplemente funciona como el medio en el que aparecen distintos tipos de nubes.

Aunque cada vez que nos despertamos de un sueño parece que una fase de nuestra vida muere y comienza otra, lo único que ocurre es que la mente prosigue con su ciclo continuo de manifestar diferentes tipos de consciencia. Exactamente lo mismo ocurre al morir, es decir, que la mente se manifiesta a un tipo peculiar de consciencia, si bien la mente en sí misma nunca cambia. Por tanto, como explicaremos más adelante en el siguiente capítulo, cuando morimos no hay realmente nada que vaya o venga y, en última instancia, no hay nada que soltar y nada a lo que aferrarse. Quisiéramos concluir este capítulo acerca de la transitoriedad y el mindfulness de la muerte con una breve reflexión que escribimos con el título de «Una burbuja al viento»:[18]

La vida es como una burbuja arrastrada por el viento. Algunas burbujas explotan antes, mientras que otras explotan más tarde.

*Algunas burbujas estallan por propia voluntad, y otras por acci-
dente. También hay burbujas que son rotas a propósito. Sin embargo, sea como fuere, todas las burbujas estallan. El guerrero
atento no solo reconoce que es la burbuja, sino también el viento que suavemente la transporta. Ese viento carece de origen
y no tiene destino, sino que sopla libremente donde quiere. ¡Qué
maravilla!*

10. La vacuidad del yo

A lo largo de este libro, hemos hecho numerosas referencias, tanto explícitas como implícitas, al hecho de que los seres humanos (y ciertamente todos los fenómenos) están vacíos de un yo dotado de existencia intrínseca. El «no yo» y la «vacuidad» son quizá dos de los principios de la meditación peor comprendidos. Al encontrarse con la noción de vacuidad, las personas tienden a asustarse y la asocian con la nada completa, o bien abordan la vacuidad meramente con el intelecto. Por su parte, el guerrero atento considera que la vacuidad es su hogar, permitiendo que su percepción de ella impregne todos sus pensamientos, palabras y acciones. Sin embargo, como parte de su íntima relación con la vacuidad, el guerrero atento es plenamente consciente de los riesgos que existen cuando tratamos de integrar la vacuidad en nuestro propio ser. En este capítulo exploraremos con mayor detalle la noción de «vacuidad del yo» y esbozaremos los pasos que debemos dar para asegurar que el compromiso de un individuo con la vacuidad sea algo que fomente, y no obstaculice, el crecimiento espiritual.

Cuando leamos acerca de la vacuidad en este capítulo, deberemos intentar, en la medida de lo posible, practicar algunos de los principios básicos del mindfulness que ya han sido presentados previamente en este libro. Si leemos acerca de la vacuidad con una mente tranquila, totalmente presente y libre de ideas preconcebidas, tendremos más posibilidades de que nuestra intuición capte en qué consiste la vacuidad. En cambio, si abordamos un tema como este simplemente a nivel académico, es muy probable que no percibamos de qué se trata. No debe preocuparnos si, de entrada, no entendemos del todo algunas de las ideas expuestas porque, si insistimos en nuestra práctica diaria de la consciencia meditativa y luego volvemos al capítulo en otro momento, comprobaremos que su significado se torna más claro. Al igual que el bulbo de una flor debe absorber el calor del sol antes de abrirse, el entendimiento necesita, en ocasiones, calentarse a la luz de la consciencia para que florezca en nuestra mente.

Vacuidad y plenitud

Hasta el momento, hemos hablado en este libro de la vacuidad principalmente desde el punto de vista de la interdependencia. El hecho de que los fenómenos no existan como entidades autónomas significa que no poseen un ser independiente de todas las demás cosas. Cuando inspiramos, una parte de nuestra inspiración está formada por la espiración de otros seres.

De hecho, es incluso posible que nuestra inspiración esté compuesta por algunas partículas respiratorias que fueron espiradas por individuos como el Buddha Shakyamuni o Jesucristo. Asimismo, al espirar, espiramos el aire que se convertirá en la inspiración de los árboles y los seres vivos con los que compartimos este planeta. Desde esta perspectiva, tan solo hay, en realidad, una misma respiración que fluye a través de todas las cosas. Cuando nacemos, todos los seres nos conectamos con esta respiración universal y la compartimos y, gracias a este proceso de respiración, sustentamos la vida de otros seres tanto como nuestra propia vida.

De la misma manera que solo hay un soplo universal de vida, también existe un río universal de vida. Cuando bebemos agua, estamos consumiendo las nubes, los ríos, los océanos y la lluvia. Dado que el cuerpo humano está constituido aproximadamente por un 60% de agua, eso supone que estamos hechos de un 60% de lluvia y nubes. Asimismo, cuando orinamos y sudamos contribuimos a crear nubes y lluvia y a mantener llenos ríos y océanos. Cuando nacemos, los seres nos conectamos al río universal de la vida y lo compartimos a través de los procesos de beber, transpirar y orinar, contribuyendo a sostener la vida de los demás seres y nuestra propia vida. Además, al beber del río universal de la vida inspiramos parte de la respiración universal, puesto que el agua contiene pequeñas partículas de aire. Por su parte, cuando inspiramos el aire procedente de la respiración universal, también bebemos del río universal de la vida, ya que el aire contiene pequeñas partículas de agua. Por tanto, la respiración universal y el río universal de la vida son, en realidad, una misma cosa.

Los fenómenos están interconectados, puesto que son, en última instancia, manifestaciones de la misma energía o fuerza vital subyacente. Este principio de interdependencia supone que, aunque exista un elevado número de variaciones sobre un mismo tema, en esencia existe un solo tema o fuente de energía. La interdependencia implica que nuestro yo está vacío de existencia inherente. Sin embargo, por defecto, también implica que estamos hechos absolutamente de todo cuanto existe. En consecuencia, si la vacuidad es un término con el que no nos sentimos del todo cómodos, sencillamente podemos cambiarlo por la palabra «plenitud». En la vacuidad hay plenitud, y en la plenitud hay vacuidad.

Meditación analítica

La interdependencia es una buena forma de reflexionar sobre la vacuidad porque no es una noción demasiado difícil de entender. Sin embargo, una de las consecuencias de percibir el vacío a través del lente de la interdependencia es que introduce una serie de «errores conceptuales» que son difíciles de resolver utilizando la lógica y el razonamiento. Por ejemplo, la afirmación de que los fenómenos no poseen existencia intrínseca, porque están profundamente interconectados entre sí, pasa por alto el hecho de que, para que algo esté conectado con otra cosa, esta debe existir en primer lugar. Si algo no existe, entonces, no hay razones lógicas para afirmar que pueda depender de otra cosa que tampoco existe.

Así pues, la interdependencia nos deja a medio camino de la comprensión del principio de la vacuidad. Para alcanzar una comprensión más completa y precisa, debemos utilizar la interdependencia hasta cierto punto y luego prescindir de ella. Este proceso de utilizar la interdependencia y luego trascenderla por completo, es básicamente lo que se practica (o debería practicarse) durante la meditación analítica o de discernimiento. Tal vez el lector recuerde que, en el capítulo 4, expusimos la práctica de la meditación de concentración utilizada para estabilizar y serenar la mente. Por su parte, la meditación analítica ha de ser practicada tras un periodo previo de concentración meditativa e implica recoger la tranquilidad y el foco atencional cultivados durante la meditación de concentración y enfocarlos de tal manera que «penetren» en la verdad de un determinado tema. De modo más específico, lo que hacemos durante la meditación analítica es determinar el auténtico estado de un fenómeno específico en términos de si existe o no de manera inherente (es decir, si posee un «yo»).

Así pues, en primer lugar permitimos que, gracias a la meditación de concentración, la mente se asiente y se calme. Luego seleccionamos un objeto meditativo y buscamos en él la existencia de algo que pueda ser denominado un «yo». Uno de los mejores objetos que investigar meditativamente en este sentido somos, de hecho, nosotros mismos (es decir, el ser humano). Para ello, una vez alcanzamos un punto en que nos sentimos asentados en la tranquilidad meditativa, siendo conscientes de nuestra respiración, cuerpo, sentimientos y pensamientos, permitimos que una parte de nuestra consciencia meditativa empiece a indagar con delicadeza en la existencia del «mí», lo «mío» o el «yo». De ese modo, nos tomamos a nosotros mismos como objeto de meditación e iniciamos un proceso de indagación meditativa.

Un ejemplo de meditación analítica que podemos utilizar para investigar si existimos de manera intrínseca es el siguiente:

Inspirando, observo que estoy asentado en la consciencia de la respiración.

Espirando, observo que estoy asentado en la consciencia de ser.

Inspirando, observo que la tranquilidad y la concentración han surgido en la mente.

Espirando, me baño en esta tranquilidad y concentración.

Inspirando, inicio el proceso de buscarme a mí mismo.

Espirando, observo profundamente en mi interior.

Inspirando, descubro sangre, carne, hueso, órganos, cabello, dientes y uñas.

Espirando, no encuentro nada que pueda ser llamado yo.

Inspirando, percibo nubes, lluvia, ríos y océanos.

Espirando, no encuentro nada que pueda ser llamado yo.

Inspirando, percibo plantas, árboles, insectos, peces y animales.
Espirando, no encuentro nada que pueda ser llamado yo.
Inspirando, percibo a mis padres, abuelos y todos mis antepasados.
Espirando, no encuentro nada que pueda ser llamado yo.
Inspirando, percibo la luna, el sol, los planetas y las estrellas.
Espirando, no encuentro nada que pueda ser llamado yo.
Inspirando, percibo todos mis pensamientos, elecciones, palabras y acciones.
Espirando, no encuentro nada que pueda ser llamado yo.
Inspirando, constato que estoy profundamente interconectado con todo cuanto existe,
Espirando, no encuentro nada que pueda ser llamado yo.
Inspirando, percibo que, como soy todas las cosas, debo renunciar a la idea de estar conectado a ellas.
Espirando, puesto que soy incapaz de encontrarme a mí mismo, renuncio a la idea de que el yo existe de modo inherente.

En la meditación anterior, las primeras cuatro líneas (es decir, los dos primeros ciclos de inspiración y espiración) constituyen la parte final de un típico ejercicio de meditación de concentración. La meditación analítica empieza, pues, en la quinta línea, cuando observamos profundamente en nuestro interior. El objetivo de esta meditación es utilizar la observación y la facultad de razonamiento para arribar a la conclusión de que no existimos de modo inherente. Sin embargo, la capacidad de razonamiento y de observación no debe estar dirigida exclusivamente por el pensamiento o la conceptualización, sino también por la intuición y la inteligencia espiritual. Cuando se practica de la manera correcta, esta meditación crea en la mente las condiciones idóneas para que se manifieste de manera orgánica la visión profunda. No obstante, si tratamos de forzarla para que surja, le impediremos hacerlo. La expresión «meditación analítica» sugiere que es algo que exige gran energía mental, pero, en realidad, es una práctica muy amable (o, al menos, delicada y sutil).

Etiquetar el yo

En el anterior ejemplo de meditación analítica, buscamos la existencia de un yo que exista de manera inherente en nuestros elementos constitutivos (como huesos, carne, sangre, etcétera) y también en las diversas causas y condiciones que son necesarias para que se manifieste el cuerpo (como el aire que respiramos, el agua que bebemos, o nuestros padres, que se reprodujeron para que naciésemos). Si tomamos cualquiera de estos componentes o causas individuales e intentamos localizar en ellos la existencia del yo, es obvio que no la encontraremos. Por ejemplo, sabemos que no somos los huesos del cuerpo o la manzana que estamos a punto de comer. Pero también sabemos que nuestra existencia no puede localizarse fuera de las distintas causas y condiciones que originan el cuerpo y la mente. Basándonos en ambas observaciones (es decir, que no existimos ni en las causas individuales, ni como algo externo a dichas causas), tal vez concluyamos que existimos como un producto de la suma de todas las causas y condiciones que cooperan para que nos manifestemos.

Aunque la afirmación de que existimos como la suma de diferentes factores puede parecer un argumento razonable, resulta evidente, al examinarla más de cerca, que esta hipótesis también contiene errores lógicos. Si aceptamos que no existimos en ningún componente individual, pero postulamos que existimos como la suma de todos los componentes, lo que estamos diciendo es que, cuando se unen los componentes, dejan de ser esos componentes y se convierten en una entidad completamente distinta. Si afirmamos, por ejemplo, que el corazón es un componente del cuerpo, pero que, cuando se suma a los demás componentes corporales, ya no debe ser considerado un corazón, entonces, estamos diciendo de manera absurda que el corazón es dos cosas al unísono (es decir, un componente del cuerpo, por un lado, y algo que no puede diferenciarse del resto de los componentes corporales, por el otro).

Dado que es imposible que las partes constitutivas dejen de serlo cuando se ensamblan en un todo, al señalar que el cuerpo existe como la suma de sus partes, estamos planteando en realidad que el cuerpo solo existe como un nombre o una etiqueta. Por ejemplo, cuando una punta, un cartucho, una tapa y una envoltura se unen para formar un bolígrafo, no le decimos a alguien «Por favor, pásame la suma de punta, cartucho, tapa y envoltura», sino que simplemente le pedimos que nos pase el bolígrafo. De ese modo, la palabra «bolígrafo» tan solo se refiere a una colección de componentes específicos que se ensamblan de una manera específica. El «bolígrafo» no existe de manera inherente, sino que es simplemente una etiqueta utilizada para referirse a una organización concreta de determinados componentes.

Por otro lado, si tomamos algunos trozos de madera y los ensamblamos de cierta manera, es posible construir algo que podemos llamar «cabaña» o «cobertizo». Sin embargo, si tomamos exactamente los mismos trozos de madera y los ensamblamos de otra forma, es posible construir una gran variedad de objetos denominados con otros nombres (por ejemplo, banco, caseta para el perro, mesa, mirador, marco de ventana, techo, etcétera). Aunque cada uno de estos objetos está hecho exactamente de las mismas piezas de madera, recibe diferentes denominaciones. Sin embargo, el «yo» de estos objetos no existe en cada pieza de madera individual y tampoco se manifiesta de pronto cuando ensamblamos las piezas individuales.

Volviendo al ejemplo del bolígrafo, si examinamos un componente individual del bolígrafo –como, por ejemplo, el cartucho–, también constatamos que es solo una etiqueta utilizada para referirse a una colección de componentes específicos que se ensamblan de cierta manera (en este caso, la tinta y el pequeño recipiente cilíndrico de plástico o metal que contiene la tinta). Si tratamos de localizar la «identidad» del cartucho, lo único que encontramos es una colección de componentes que no contienen el «yo» del cartucho, con independencia de que estén separados o ensamblados. Así pues, la «vacuidad del yo» se aplica tanto al objeto completamente ensamblado (el bolígrafo) como a sus componentes individuales (por ejemplo, el cartucho) y a los diversos subcomponentes que constituyen estos componentes individuales (y así sucesivamente).

Aunque sea una noción difícil de aceptar, si utilizamos la lógica y el razonamiento para investigar los fenómenos, no nos queda más alternativa que concluir que, en última instancia, los fenómenos existen tan solo como etiquetas. Para ayudar a explicar un poco más esta noción, exponemos ahora la adaptación de un breve texto de «reflexión» que escribimos, titulado *¿Sueño o realidad?*[19] El texto recoge un diálogo entre un profesor y un estudiante y muestra cómo, a través del razonamiento deductivo, es posible concluir que los fenómenos solo existen como etiquetas. El diálogo también prueba que no podemos afirmar de manera definitiva que los fenómenos que experimentamos durante el estado de vigilia sean más «reales» que los fenómenos percibidos mientras dormimos y soñamos.

Estudiante: ¿Profesor?

Profesor: Sí.

Estudiante: Pellízqueme.

Profesor: ¿Por qué me pides eso?

Estudiante: Porque hemos utilizado el Inductor de Sueño Compartido con tanta frecuencia que no recuerdo si configuré en el dispositivo la hora de despertar.

Profesor: Espero que estés bromeando.

Estudiante: No, en serio. Sé que me lo ha repetido muchas veces, pero no lo recuerdo.

Profesor: ¿Qué quieres decir?

Estudiante: Que no hay manera de saber si, de hecho, estamos despiertos, o bien nos hallamos en un sueño compartido. Si resulta que estamos soñando, el Inductor del Sueño Compartido podría mantenernos aquí indefinidamente.

Profesor: ¿Cómo podemos resolver esta situación?

Estudiante: Podríamos activar el Inductor de Sueño Compartido e intentar generar un sueño a través de la interfaz cerebro-ordenador. Si nos permite hacerlo, por lo menos comprobaremos si estamos despiertos o soñando.

Profesor: Es demasiado arriesgado. Si ya estamos soñando, podemos terminar atrapados en un sueño dentro de otro sueño.

Estudiante: De acuerdo, tengo otra idea. En un sueño, todo es producto de la mente. Aunque las cosas parecen reales para el soñador, todo es ilusorio.

Profesor: Estoy de acuerdo, pero... ¿de nos serviría eso?

Estudiante: Todo lo que tenemos que hacer es elegir algunos objetos próximos y averiguar si realmente existen. Si son reales, entonces estamos despiertos, de lo contrario estaremos soñando.

Profesor: Una idea interesante. Puedes empezar con mi estilográfica.

Estudiante: Bueno, la pluma ciertamente escribe cuando la pongo sobre el papel. Sí, creo que es real. Me parece que estamos despiertos.

Profesor: ¿Así que tu criterio de existencia se basa en la función que desempeña un determinado objeto?

Estudiante: Sí, por supuesto.

Profesor: Ya veo. Entonces, elimina todos los componentes de la estilográfica hasta que no quede nada más que la punta. ¿La punta sigue escribiendo?

Estudiante: Sí, todavía queda una pequeña cantidad de tinta en la punta y puede escribir.

Profesor: Pero la punta no es la estilográfica.

Estudiante: Buena observación. Parece que mi premisa original era errónea. La punta solo es un componente de la estilográfica y no la totalidad de las partes individuales que la componen. Una cosa no puede ser otra.

Profesor: ¿Entonces la estilográfica es real?

Estudiante: Bueno, tras haberla desmontado y visto que todos sus componentes están presentes, todavía concluiría que la estilográfica es real. Sigo creyendo que estamos despiertos.

Profesor: ¿Entonces estás diciendo que la estilográfica existe como la suma de sus partes constitutivas?

Estudiante: En efecto.

Profesor: Comprendo. Antes has dicho que un componente no puede ser dos cosas a la vez. Sin embargo, ahora pareces afirmar que, cuando se ensamblan la punta, el cartucho, la tapa y otros componentes de la estilográfica, dejan de ser tales y se transforman en una nueva entidad.

Estudiante: No, eso sería absurdo. Las partes constitutivas existen en la estilográfica, pero utilizamos la palabra «estilográfica» para designar la colección de piezas individuales que forman, en conjunto, una estilográfica.

Profesor: ¿Estás diciendo entonces que la estilográfica es solo una etiqueta?

Estudiante: Supongo que sí.

Profesor: Si la estilográfica solo es una etiqueta, entonces, no existe de manera inherente. Así pues, ¿afirmas que estamos soñando?

Estudiante: Estoy un poco confuso. Con independencia de si estamos despiertos o soñando, aunque las cosas aparezcan, ciertamente no hay ninguna base lógica que nos permita decidir si existen realmente.

Profesor: Eso me parece correcto. Por tanto, tu idea de investigar si las cosas son reales o no, no nos ayuda a determinar si estamos soñando o despiertos. ¿Tienes alguna idea mejor?

Estudiante: Si, de hecho, ambos nos hallamos en un mismo sueño, significa que el Inductor de Sueño Compartido mantiene en perfecta sincronía algunas frecuencias de nuestras ondas cerebrales. Podemos tratar de interrumpirlas y despertar induciendo una descarga eléctrica.

Profesor: Si quieres meter el dedo en un enchufe, adelante, pero yo no haré lo mismo. ¿Alguna otra idea?

Estudiante: Bien, no recuerdo haberme reído a carcajadas durante un sueño. ¿Por qué no cuento un chiste gracioso y, si nos reímos, eso significa que no estamos soñando?

Profesor: No me convence demasiado esa sugerencia. Por ejemplo, no creo que coincida con los hallazgos efectuados en los estudios científicos sobre el sueño. No obstante, adelante, cuenta tu chiste.

Estudiante: ¿Qué dijo un profesor, que siempre respondía con ejemplos, cuando le preguntaron cuántos huevos quería para desayunar?

Profesor: No lo sé.

Estudiante: Cuatro ejemplares.

Profesor: Creía que me ibas a hacer reír.

Estudiante: Muy gracioso.

Profesor: Bien, si no tienes más ideas insensatas, te sugiero que nos quedemos quietos sin hacer nada, tan solo respirando.

Estudiante: No entiendo.

Profesor: Construí un dispositivo a prueba de fallos en el Inductor de Sueño Compartido para que, aunque no se activase el dispositivo de terminación del sueño, el sueño concluyese automáticamente pasadas ocho horas.

Estudiante: ¡Cómo! ¿No podría habérmelo dicho hace una hora?

Profesor: ¿No has aprendido nada?

Estudiante: Tiene razón. De hecho, he aprendido muchas cosas. El sueño ocurre en el espacio de la mente. Y, aunque en el sueño se tiene la impresión de que nos desplazamos, nada se mueve en realidad. Mientras soñamos, percibimos cercanía y lejanía aunque, de hecho, no hay distancia alguna. En el sueño, aunque las cosas aparecen, son ilusorias y no se puede decir que existan realmente. Sin embargo, los objetos percibidos por la consciencia del estado de vigilia también están desprovistos de existencia intrínseca. Entonces, ¿está usted diciéndome que la realidad de la vigilia también ocurre en el espacio de la mente?

Profesor: Tendrás que resolverlo por ti mismo.

Estudiante: ¿Pero aún no hemos determinado si estamos soñando o despiertos?

Profesor: ¿Realmente importa? ¿No puedes simplemente relajarte y disfrutar de cada momento con independencia de la realidad en que te halles?

¿Despiertos o soñando?

El anterior diálogo entre profesor y alumno pone de relieve un principio clave de la vacuidad, evidenciando que, si bien los fenómenos ciertamente aparecen y pueden ser percibidos, tienen, en un último análisis, exactamente las mismas cualidades ontológicas que las «imágenes oníricas». De ese modo, el hecho de que sepamos que los fenómenos están vacíos de un yo, pero seamos capaces de percibirlos, debería impedirnos caer en la trampa de creer que la vacuidad equivale a la nada o la completa inexistencia. Asimismo, el hecho de que sepamos que los fenómenos son de naturaleza ilusoria (es decir, como sueños) debería servirnos para evitar caer en la trampa de rechazar la idea de la vacuidad y creer que los fenómenos existen en el sentido absoluto del término.

Como hemos mencionado en el presente capítulo, alcanzar la comprensión de que los fenómenos tienen una naturaleza onírica y están vacíos de existencia inherente es algo que debe ocurrir de manera natural. Se trata de una toma de consciencia que adviene poco a poco al guerrero atento, y no algo que intenta forzar o que le obsesiona. De hecho, en lugar de pensar en exceso en la vacuidad y la naturaleza ilusoria de la existencia, todo lo que tenemos que hacer es abrir los ojos y observar lo que sucede directamente ante nosotros.

Por ejemplo, reflexionemos acerca de este momento exacto del tiempo. Es presumible que el lector esté leyendo estas palabras en un libro de papel o en algún tipo de dispositivo electrónico. Sea como fuere, el momento presente que experimenta en este instante concreto del tiempo (es decir, mientras lee esta oración específica) es diferente del momento que experimentaba cuando leía la oración anterior. Basándonos en esta observación, es razonable concluir que el tiempo fluye continuamente y que el momento presente cambia sin cesar.

Sin embargo, aunque es perfectamente comprensible que tengamos la impresión de que el tiempo no se detiene y de que el presente cambia de continuo, esto constituye una percepción errónea del modo en que operan realmente el tiempo y el momento presente. Si afirmamos que el presente siempre está cambiando, esto (obviamente) implica que hay en marcha un proceso de cambio. Sin embargo, para que un momento temporal se transforme en otro momento distinto, el primer momento debe manifestarse completamente y cristalizar en la existencia, pero el tiempo puede dividirse en unidades infinitamente más pequeñas. Por ejemplo, un segundo puede ser dividido por 1.000 para formar de ese modo un milisegundo, y un milisegundo puede ser dividido para formar un microsegundo (una millonésima de segundo). Un microsegundo puede dividirse para constituir un attosegundo (la trillonésima parte de un segundo), y un attosegundo puede ser dividido, a su vez, para formar un yoctosegundo (la septimomillonésima parte de un segundo). No obstante, incluso un yoctosegundo –que, sin duda, es un periodo increíblemente breve– puede ser subdividido indefinidamente. Dado que cada momento siempre puede dividirse en momentos más pequeños, es inaceptable la idea de que existe un momento temporal «determinado».

De la misma manera que nos parece que un río fluye sin cesar, también nos parece que el presente está en constante movimiento. Sin embargo, si algo cambia de continuo y nunca llega a reposar en un estado fijo, entonces, ¿cómo puede decirse que experimenta algún tipo de cambio? El cambio implica que algo cambia desde un estado o posición a otro. Pero, dado que los fenómenos (incluyendo el momento presente) no son verdaderamente estáticos, es técnicamente inexacto decir que cambian. Algo que nunca deja de cambiar no cristaliza nunca en la existencia y, como tal, no se puede decir que experimente cambios. Dicho de otro modo, nunca ha existido, y nunca existirá, algo que pueda llamarse un instante temporal concreto en el que, provisionalmente, no se produzca ningún tipo de cambio y movimiento.

El hecho de que el momento presente nunca cristalice plenamente en la existencia nos dice que el presente comparte la naturaleza de la vacuidad. Según parece, ciertas disciplinas científicas –en particular, el campo de la mecánica cuántica– llegan a la misma conclusión. Así pues, muchos teóricos cuánticos aceptan que, a nivel subatómico, nunca puede haber certeza absoluta de que una partícula exista en una posición determinada en el tiempo o el espacio. No hace mucho, se ha demostrado en condiciones de laboratorio que es posible fabricar una fina lámina metálica de material semiconductor para que vibre simultáneamente en dos estados energéticos diferentes.[20] Este es el equivalente cinético de la materia situada al unísono en dos lugares distintos, que demuestra que, a nivel subatómico, las partículas nunca pueden ser localizadas de manera absoluta en el tiempo y el espacio (es decir, no existen en ninguna parte y existen en todas ellas simultáneamente).

Si extendemos la mano y tratamos de asir el momento presente, se nos escurre entre los dedos. Podemos observar el presente, participar en él y disfrutarlo, pero nunca podemos realmente tocarlo o poseerlo. Así es como funciona un sueño; aunque percibimos cosas en el sueño, no podemos adueñarnos de ellas. Lo que experimentamos en un sueño, por muy maravilloso y positivo que sea, se derrumba y se desvanece tan pronto como despertamos. En nuestra opinión, lo mismo ocurre cuando morimos, es decir, que el mundo y las personas que conocíamos desaparecen de modo permanente de nuestra percepción.

El guerrero atento sabe que el mundo que percibe en el estado de vigilia se parece mucho más a un sueño de lo que el sentido común podría sugerir. De hecho, quizá la única diferencia importante entre la realidad de vigilia y el sueño sea que, en este último caso, el mundo soñado es creado y habitado por una sola mente, mientras que, en el primer caso, es creado y habitado por varias mentes. Tal vez ocurra también que, mientras más mentes habiten un mundo o una realidad particular, más nos parezca que ese mundo es «real» y más se atenga a las leyes de la física. Por el contrario, cuando una realidad es creada y habitada exclusivamente por una sola mente (como en un sueño), entonces, resulta mucho más sencillo violar las leyes de la física y efectuar actos tales como volar o cambiar instantáneamente de ubicación.

Asumir los riesgos

Dada la naturaleza de la vacuidad, esta no es la faceta más fácil de comprender del camino del guerrero atento hacia el despertar espiritual. Por tanto, aunque hemos intentado presentar nuestra exposición acerca de la vacuidad de una manera razonablemente sencilla, no debe preocuparnos si el contenido de este capítulo nos resulta un tanto complejo de asimilar. Si examinas el capítulo de vez en cuando, mejorará poco a poco nuestra comprensión de la vacuidad. Al entender las (así llamadas) «características» clave de la vacuidad, podemos empezar a buscar signos de ella en nuestra vida cotidiana, así como durante la práctica de la meditación. Dicho de otro modo, el desarrollo de una fuerte comprensión teórica de la vacuidad apoya y fortalece nuestra comprensión experiencial de ella, y viceversa. Sin embargo, la realidad es que la vacuidad no es algo que pueda «entenderse» completamente utilizando palabras y pensamientos. Podemos formular una idea bastante adecuada de lo que significa la vacuidad leyendo libros y escuchando conferencias, pero la vacuidad es una experiencia y una verdad que trasciende los límites de la comprensión conceptual. Así pues, cuanto más intentemos definirla y separarla en compartimentos, más lejos nos hallaremos de la «esencia» de la vacuidad.

Formarse conceptos fijos acerca de la vacuidad es uno de los principales riesgos asociados con este aspecto particular de la práctica del guerrero atento. Hay muchos eruditos inteligentes y maestros de meditación (incluyendo a maestros de meditación budista) que creen que «dominan» la vacuidad y que escriben muchos libros y artículos al respecto, convirtiendo la vacuidad en una cuestión intelectual, pero la mayoría de estas personas solo tienen una comprensión muy superficial o «académica» de la vacuidad. De hecho, una persona que no es necesariamente inteligente, pero que vive de manera sencilla las cosas momento a momento, probablemente está más cerca de la vacuidad que muchos de los inteligentes eruditos recién mencionados.

Por supuesto, no estamos diciendo que sea una mala idea estudiar la vacuidad y reflexionar al respecto, porque hacerlo forma parte esencial del proceso de aprendizaje de la meditación. Sin embargo, el estudio e investigación acerca de la vacuidad debe llevarse a cabo con pleno conocimiento de los límites de la investigación intelectual. De ese modo, incluso el guerrero atento completamente iluminado sabe que siempre hay algo más que aprender sobre la vacuidad. Un ser iluminado puede morar en la vacuidad en todo momento, durante el día y la noche, pero eso no significa que no haya espacio para que perfeccione sus habilidades en términos de cómo moldear y trabajar con el «tejido» y la «energía» de la vacuidad (por ejemplo, sabiendo crear las condiciones que conduzcan a otros seres al despertar espiritual).

Además de forjarse conceptos fijos, otro riesgo asociado con la práctica de la vacuidad es que el practicante de meditación puede empezar a adoptar una actitud de no intervención hacia la vida. Las personas que caen en esta trampa a menudo dicen cosas como: «Si todo está vacío, ¿de qué sirve preocuparse?», o «La vida es solo un sueño, así que cálmate». Este tipo de actitud refleja una pobre comprensión de la vacuidad, y esas personas no deben ser consideradas maestros espirituales adecuados ni modelos que imitar. El hecho es que, aunque un practicante espiritual realice plenamente la vacuidad, es casi seguro que los seres con los que se encuentra e interactúa cada día no estén en el mismo punto. A una persona se le puede repetir un millón de veces que la realidad carece de existencia inherente, pero, a menos que haya despertado a esta experiencia por sí misma, podemos estar seguros al 99,9% de que, cuando se halle en una situación difícil o angustiosa, la vacuidad será lo último que acudirá a su mente. En otras palabras, es poco realista suponer que quienes no se hallan en un sendero espiritual auténtico entiendan la vacuidad, y es aún menos realista esperar que, cuando se enfrenten a condiciones adversas o a un peligro inminente, busquen refugio y apoyo en la vacuidad.

En consecuencia, cuando el guerrero atento alcanza la etapa en la que percibe e interactúa con el mundo a través de la lente de la vacuidad, es muy consciente del modo en que sus pensamientos, palabras y acciones influyen en los demás. El guerrero atento entiende que, a pesar de que el sufrimiento no exista de modo intrínseco (porque, por ejemplo, está hecho del mismo tejido que los sueños), la persona inmersa en su telenovela experimenta el sufrimiento como si fuese crudo, real y constante al cien por cien. Así pues, en lugar de negar el deber que tiene el practicante espiritual de actuar con consideración y compasión, la emergencia de la auténtica comprensión de la vacuidad incrementa exponencialmente el grado en que es responsable de aliviar el sufrimiento y la ignorancia de todos los seres vivos.

La mente única de Mahavairocana

Concluiremos este capítulo con un breve *vajragiti* de cuatro estrofas (cada una compuesta de cuatro líneas) titulado «La mente única de Mahavairocana».[21] La idea que subyace a la escritura de este *vajragiti* es tratar de expresar en términos intuitivos (más que lógicos o académicos) en qué consiste la noción de la vacuidad. En el budismo, Mahavairocana es el nombre de un gran *buddha*, pero el término también puede ser utilizado para referirse al principio más amplio de las cualidades de la mente completamente iluminada. Al igual que el cristianismo expresa a Dios a través del principio de la Trinidad (es decir, Padre, Hijo y Espíritu Santo), el budismo manifiesta el principio de la mente plenamente iluminada (es decir, de Mahavairocana o de la naturaleza búdica en general) mediante el principio tripartito del *Dharmakaya*, *Sambhogakaya* y *Nirmanakaya*.

El sufijo sánscrito *kaya* significa «cuerpo», mientras que los prefijos *dharma*, *sambhoga* y *nirmana* significan, respectivamente, «verdad», «disfrute» y «manifiesto». Si queremos establecer paralelismos con la tradición cristiana, entonces, el término budista *Dharmakaya* podría compararse con el Padre. Sin embargo, este vínculo solo es válido si se entiende que el término «Padre» corresponde a la «vacuidad» que es el fundamento (y el «padre») de todo cuanto existe (es decir, no como un Dios literal y creador del universo). El *Sambhogakaya*, por su parte, que podría compararse con el Espíritu Santo, se refiere al potencial del *Dharmakaya* para expresarse como energía. Cuando ocurre el Big Bang y, desde el vacío completo, un universo irrumpe en la existencia, este es un ejemplo del *Dharmakaya* expresándose como energía. Otro ejemplo sería cuando un ser completamente iluminado decide, por cualquier motivo, aparecer temporalmente (es decir, dentro del sueño o mente de un practicante espiritual dotado de discernimiento) como un cuerpo hecho de pura luz blanca. Por último, el término *Nirmanakaya* puede compararse con el Hijo, ya que alude a la capacidad de la mente iluminada para asumir la forma (por ejemplo) de un ser humano.

Yo soy Mahavairocana,
la Mente única.
Yo soy todas las cosas que aparecen.
Sin embargo, aunque soy la totalidad del espacio y el tiempo,
no me encontrarás en ellos.

Si tomas en este momento todo cuanto ocurre como el camino,
permitiendo que lo percibido y el perceptor se fusionen en uno
   solo
y viendo mi rostro en todo lo que se despliega,
entrarás para siempre en mi reino inmortal.

Cuando te das cuenta de que, durante todas tus vidas,
nunca ha habido ir o venir,
nunca se ha logrado nada,

ni nada ha quedado sin hacer,
perfeccionas los tres kayas *en un solo instante.*

Con el conocimiento prístino similar a un espejo,
relájate en la consciencia de tu despertar intrínseco.
Todas las cosas nacen de la Mente, pero no busques la Mente.
Noble, ¡esta es la enseñanza!

Om Mahavairocana *Hum*

11. El linaje del guerrero atento

A estas alturas, ya hemos expuesto el mindfulness y los principales conceptos y prácticas que tradicionalmente se asocian a él. De lo único que no hemos hablado es del modo en que este conocimiento ha llegado hasta nosotros y sobre dónde debemos buscar apoyo en el camino del guerrero atento.

La cadena de transmisión

En el budismo contemporáneo, y en particular en Occidente, la gente tiende a poner mucho énfasis en el linaje. La palabra «linaje» se refiere básicamente a la enseñanza ancestral de un determinado practicante o maestro espiritual. La idea es que debe existir una cadena ininterrumpida de transmisión que pueda ser trazada desde un maestro budista hasta el Buddha histórico u otro ser iluminado. Por consiguiente, en la cultura budista contemporánea, los individuos tienden a utilizar el linaje como un medio para validarse a sí mismos como maestros espirituales «auténticos» y para asegurar a los potenciales estudiantes que están en manos seguras (y espiritualmente inspiradas).

Por desgracia, sin embargo, las cosas no son tan sencillas porque, si bien el linaje quizá sea una indicación útil de la «autoridad» de un determinado individuo para enseñar, también puede cegar a la gente en cuanto a las cualidades e intenciones más íntimas del maestro en el que depositan su confianza. Hoy en día, existen numerosos maestros budistas (tanto laicos como monásticos) que son capaces de exhibir una lista de todos sus maestros, títulos y cualificaciones, y que pueden remontar sus antepasados de enseñanza hasta el Buddha histórico (u otra figura histórica que se cree que alcanzó la iluminación). Sin embargo, la realidad de la cuestión es que encontrar un auténtico maestro espiritual (budista o no) es sumamente raro.

Según parece, un maestro budista Zen chino, llamado Huang Po, efectuó la misma observación hace unos 1.200 años. Según la estimación de Huang Po, solo cinco de cada diez mil maestros y practicantes de meditación cumplen los requisitos para ser un auténtico practicante espiritual. Huang Po proporcionó esta estimación en una época en la que, según el pensamiento budista, la gente concedía gran importancia a las enseñanzas y valores espirituales.

Ciertos textos budistas subdividen la historia en diferentes épocas, las cuales se corresponden básicamente con el «estado de salud» de las enseñanzas espirituales durante ese periodo concreto. Por ejemplo, el periodo en que Huang Po vivió y enseñó, hace aproximadamente 1.200 años, es conocido como la «Edad del Dharma Aparente» (sánscrito: *pratirupadharma*, japonés: *zŏbŏ*). La Edad del Dharma Aparente fue un periodo en el que era razonablemente fácil encontrar algo similar a las enseñanzas espirituales auténticas, aunque, si querías algo más significativo y profundo, tenías que buscar con mayor ahínco. La Edad del Dharma Aparente sucedió a la época llamada la «Edad de la Verdadera Ley» (sánscrito: *saddharma*, japonés: *shŏbŏ*), un periodo durante el cual las enseñanzas espirituales se hallaban en un estado de salud mucho mejor (esta época abarca el periodo en el que el Buddha histórico vivió y enseñó, hace unos 2.500 años).

La época en que nos encontramos en la actualidad se denomina el «Último Día de la Ley» o la «Edad del Declive del Dharma» (sánscrito: *pashchimadharma*, japonés: *mappŏ*) y designa un periodo de decadencia generalizada de las enseñanzas espirituales. Por tanto, dado que la estimación de Huang Po, recién mencionada, se efectuó en un momento en que se consideraba que las enseñanzas espirituales gozaban de una condición mucho más saludable, si intentásemos calcular el número de maestros espirituales y practicantes que, hoy en día, realmente viven al cien por cien su práctica, es muy probable que el resultado fuese significativamente menor que la estimación ofrecida por Huang Po. Encontrar a un genuino maestro espiritual es un acontecimiento muy raro y precioso y, si tenemos la fortuna de conocer a alguien así, entonces, debemos aprovechar al máximo la oportunidad.

Personalmente, hemos recibido la ordenación, o recibido transmisiones espirituales, en numerosos linajes budistas. Hemos sido ordenados como monjes en las tradiciones budistas del Mahayana, en la tradición budista yóguica (es decir, tántrica) y también hemos recibido la ordenación superior en la tradición budista Theravada. Hemos tenido numerosos maestros espirituales y albergamos un tremendo y sincero respeto por todos ellos. Sin embargo, simplemente porque un maestro haya recibido su enseñanza u ordenación de un representante reconocido del linaje, eso no significa automáticamente que haya absorbido, encarnado y realizado todo lo que su predecesor tenía que ofrecer. Esto es lo que dijo el discípulo cercano del Buddha Ananda (tal como está registrado en el *Sandaka Sutta*) acerca de los riesgos asociados con confiar demasiado en las tradiciones y los linajes:

> He aquí que un maestro tradicionalista considera que la tradición oral es la verdad y enseña el *Dharma* por transmisión oral, a través de la transmisión de leyendas y mediante la autoridad de las escrituras. Pero, si bien un maestro tradicionalista considera que la tradición oral es la verdad, [resulta que] algunas cosas son bien transmitidas y otras mal transmitidas; algunas son verdaderas y otras no.[22]

El maestro del guerrero atento

No estamos diciendo que el linaje no sea importante. Es hermoso que existan tradiciones budistas (y otras tradiciones espirituales) que tienen miles de años de antigüedad y que se enorgullecen de la historia de su linaje. Sin embargo, como aspirantes a guerreros atentos, debemos mostrarnos inteligentes y cautelosos respecto a quién adoptamos como maestro espiritual, entendiendo las diferentes cualidades que debe poseer un buen maestro.

En ocasiones, se oye hablar de personas que han seguido durante muchos años el consejo y la inspiración de un maestro concreto, pero que de pronto le retiran su respeto y devoción cuando escuchan el más mínimo rumor o informe negativo. Con toda probabilidad, estas personas confiaron en su maestro debido a factores tales como su popularidad, carisma, linaje o cualificaciones.

El aspirante a guerrero atento sabe lo que debe buscar en un posible maestro espiritual y deposita su confianza en dicho maestro porque experimenta directamente que facilita una auténtica realización espiritual. Con la expresión «experimenta directamente», queremos decir que la sabiduría y la compasión del maestro tocan profundamente el corazón y la mente del aspirante a guerrero atento. Un maestro espiritual genuino puede leer, comer o cultivar el huerto en silencio, pero, en su presencia, uno se siente espontáneamente tranquilo y espiritualmente inspirado.

Si entablamos una relación espiritual con un maestro debido a sus cualidades de compasión y sabiduría trascendente, entonces, sabemos, a través de la experiencia directa, que el maestro ha permitido que la sabiduría de la vacuidad florezca en su mente. Es esa sabiduría la que nos sostiene, nutre y guía en todo momento. En presencia de un auténtico maestro espiritual, con cada aliento que tomamos, damos grandes pasos hacia delante en el camino del guerrero atento. Un maestro espiritualmente realizado suscita nuestro respeto, amor y devoción en todo momento y, si nos acercamos a él y nos relacionamos con la actitud correcta, rápidamente nos guiará para salir del fango de la vida de las telenovelas.

Si nuestra intención de seguir el camino del guerrero atento es sincera y genuina, maximizaremos nuestras posibilidades de encontrar un verdadero guía espiritual. Lo mejor es no albergar ideas fijas o preconcebidas sobre cómo debe ser el maestro espiritual, o cuál debería ser el papel que desempeñe en la sociedad. Puede tratarse de una persona que ha vivido décadas en monasterios o que imparte activamente enseñanzas del Dharma y escribe libros relacionados con la práctica espiritual. Sin embargo, también puede haber seguido una dirección distinta en la vida y ser padre, abogado, tendero, profesional de los negocios, limpiador o músico. El auténtico maestro espiritual puede ser rico o pobre, joven o viejo, tener buena o mala salud. Puede ser hombre o mujer y puede, o no, tener estudios universitarios.

Aunque el maestro espiritual asuma muchas «formas y dimensiones», existen ciertas cualidades internas que debe poseer. En primer lugar, debe estar libre de apego a la riqueza, reputación y placer (o cualquier otra cosa). Sin embargo, eso no significa que no pueda disfrutar de un entorno confortable y de experiencias placenteras, pero debe estar plenamente satisfecho y dispuesto a desprenderse de las condiciones favorables cuando surja la necesidad. Ante las condiciones adversas, o el peligro inminente, el maestro espiritual permanece centrado y tranquilo. En tales situaciones puede ser imprescindible una acción decisiva y una respuesta rápida, pero el maestro espiritual no debería entrar en pánico o perder su consciencia meditativa, sino tener una mente serena y disciplinada que esté libre de la más mínima mancha de temor, odio o ira. El maestro espiritual debe tener la capacidad de «ver directamente» y dirigir la mente de aquellos que han decidido recorrer a su lado el sendero de la liberación.

Cuando ponemos en práctica las enseñanzas de un guía espiritual auténtico, deben surgir en la mente experiencias espirituales genuinas. Si hemos estado practicando con el maestro durante un periodo de muchos años y no aparecen tales experiencias espirituales, ello se debe a que el maestro no está adecuadamente capacitado, o a que nuestra actitud nos impide asimilar plenamente sus enseñanzas. Un genuino maestro espiritual dimana consciencia, presencia y alegría; tiene una compasión ilimitada y es hábil a la hora de relacionarse y trabajar con la mente de personas procedentes de distintas extracciones de la vida. En compañía de un maestro espiritual consumado, la gente se siente más sana, feliz y serena, e incluso los animales se benefician de estar en su presencia.

Tal vez la mejor manera de que el aspirante a guerrero atento enfoque su relación con su maestro espiritual sea considerarlo su amigo más íntimo y de mayor confianza. Sin embargo, la profundidad de la relación se extiende mucho más allá de eso porque, asumiendo que nuestro viaje espiritual prosigue después de la muerte, la amistad con un auténtico maestro espiritual no solo perdura toda la vida, sino más allá.

A medida que crece la amistad del aspirante a guerrero atento con el maestro espiritual, comienza a producirse una especie de transferencia. El maestro espiritual riega y nutre la sabiduría en nuestro interior y, al conferirnos un «sabor» de su propia sabiduría, esto nos ayuda a identificar nuestra propia naturaleza iluminada y conectar con ella. Una vez que se afianza la relación con el auténtico maestro espiritual, adquiere menos importancia si estamos o no cerca de él, sino que se crea un vínculo espiritual, lo cual supone que, aunque nos encontremos en lados opuestos del planeta, seguimos estando en su presencia. Esto es lo que afirmaba Gampopa, un santo budista tibetano del siglo XII, acerca de encontrar al maestro sin hallarse físicamente con él:

En el futuro, aquellos que piensen «Ay, no he conocido a [Gampopa]» deberían simplemente estudiar y practicar los textos que he compuesto [...] No existe la menor diferencia; es lo mismo que conocerme a mí. Aquellos que tienen dificultades para comprender y practicar el Dharma deben pensar en mí y suplicar con devoción. Las bendiciones surgirán de manera natural.[23]

El linaje natural de todo lo que es

Si invertimos tiempo en la compañía (ya sea física o «espiritual») de un maestro espiritual genuino y somos diligentes en nuestra práctica, entonces, el linaje del maestro nos será gradualmente conferido. No obstante, no nos referimos aquí al maestro que nos guía a través de una larga lista de enseñanzas, rituales y técnicas espirituales que le han sido transmitidas, a su vez, por su propio maestro. De hecho, muchas tradiciones budistas y meditativas contemporáneas consideran la transmisión del linaje de la misma manera que si se tratase de la formación para obtener una cualificación académica o profesional. La verdadera transmisión del linaje es un proceso enteramente individual que no pretende llenar la mente de otra persona con una abundante cantidad de información y enseñanzas. Por el contrario, lo que persigue es despejar la mente de sus apegos, conceptos e ideas preconcebidas.

Cuando un maestro espiritual verdadero comparte su linaje con otra persona, simplemente la introduce al linaje espiritual que ya está presente en su interior. En última instancia, este linaje «natural» es el único linaje que cuenta. Es el mismo linaje al que pertenece todo ser iluminado que haya pisado este planeta, y es el mismo linaje al que despertará todo aquel que alcance la iluminación en el futuro. Si leemos libros acerca de budismo y meditación, probablemente encontraremos referencias a numerosos tipos de linajes de práctica. Sin embargo, la verdad es que solo existe un linaje espiritual, al que pertenecen Jesucristo, el Buddha y todos los líderes espiritualmente inspirados, así como todos aquellos que siguen el camino del guerrero atento.

Para avanzar más en este camino, es esencial establecer contacto con un guía espiritual auténtico. Sin embargo, hasta que esto ocurra, todo aspirante a guerrero atento puede tratar de conectar con el linaje natural que existe en su interior. Cuando practicamos la consciencia de la inspiración y la espiración y vivimos en el aquí y ahora, descubrimos este linaje que existe de manera natural. De este modo, nos conferimos a nosotros mismos serenidad y presencia espiritual. Al albergar una intención pura y sincera de liberarnos de la vida de las telenovelas, nos unimos de manera natural al linaje de los guerreros atentos y recibimos sus bendiciones. Desde este punto de vista, somos nuestro propio maestro y el momento presente es nuestro campo de entrenamiento.

El linaje de los guerreros atentos es un linaje muy antiguo. Existió mucho antes de la época del Buddha histórico y existirá durante mucho tiempo después de la disolución de este planeta. Es un linaje que existe desde antes del principio de los tiempos. El linaje de los guerreros atentos no puede ser propiedad de nadie y tampoco pertenece a nadie. Impregna cada momento del tiempo, cada partícula atómica y subatómica y cada centímetro cuadrado de espacio conocido y desconocido. Conectar con este linaje natural y omnipresente y pasar a formar parte de él es un derecho de nacimiento de cada ser vivo. La persona solo tiene que decidir que desea abrazar el linaje espiritual que existe en todas las cosas y ser alimentada por él.

Debemos elegir entre vivir la vida de manera consciente y utilizar esta preciosa vida humana para trabajar en pro de la iluminación, o bien permanecer atrapados en nuestra telenovela.

En lo que se refiere al genuino progreso espiritual, no hay lugar para la indecisión. La persona ha de decidir si está «dentro» o «fuera». En el camino del guerrero atento no caben quienes no se comprometen. Sería fácil concluir que se puede tener un interés superficial en el desarrollo espiritual, practicar meditación cuando nos sea conveniente y obviar la práctica espiritual cuando haya otras cosas que hacer. Sin embargo, lamentamos decirlo, pero no existe término medio, ya que la persona hace todo lo posible para vivir su vida practicando la consciencia espiritual, o bien le da la espalda.

Quienes decidan consagrar su vida al crecimiento espiritual encontrarán un manantial ilimitado de sabiduría, paz y alegría espiritual y serán nutridos por él. Estos aspirantes a guerreros atentos conservan su «individualidad», pero también constituyen una «unidad». Se transforman en una «unidad» al ingresar en la familia de los guerreros atentos, cuyo amor mutuo es tan profundo que les permite respirar en armonía y en completa unión entre ellos y con el resto del universo.

Un linaje de hermanos

En este capítulo, hemos hecho referencia a un linaje al que puede acceder cualquiera que sea decidido y sincero en sus intenciones espirituales. En la misma línea, también hemos señalado que tanto Jesucristo como el Buddha (y también cualquier otro ser iluminado histórico) pertenecen a este linaje. Sin embargo, no solo somos nosotros los que mantenemos este punto de vista, porque, como se recoge en el Evangelio de Santo Tomás, este era también el punto de vista de Jesucristo:

Jesús dijo: Si los que os guían os dijeran «Ved, el reino está en el cielo», entonces, las aves del cielo os precederían. Si os dijeran «Está en el mar», entonces, los peces del mar os precederían. Más bien, el reino está dentro de vosotros, y también fuera de vosotros. Cuando os conozcáis a vosotros mismos, entonces, seréis conocidos y sabréis que sois los hijos del Padre viviente. Pero, si no os conocéis a vosotros mismos, sois empobrecidos y sois la pobreza.

12. ¿Sabes quién soy?

A lo largo de este libro hemos presentado y expuesto el camino del guerrero atento. El propósito ha sido tratar de componer una descripción actualizada y fidedigna de lo que realmente significa practicar el mindfulness. Hoy en día, se ofrecen tal cantidad de nuevos cursos de mindfulness y se escribe tanto al respecto, que cada vez es más difícil que la gente encuentre enseñanzas espirituales auténticas. En consecuencia, han sido acuñadas y difundidas a través de internet expresiones como «McMindfulness». Por eso, es importante mostrarnos cautos y precavidos a la hora de decidir si queremos practicar con un determinado maestro espiritual. Sin embargo, ello no debe disuadirnos de practicar el mindfulness y abrazarlo como una forma de vida.

Es muy importante que la ciencia contemporánea se haya interesado en el mindfulness y que exista una base de crecientes pruebas que demuestran que el mindfulness propicia (entre otras cosas) mejoras en la salud y el funcionamiento psicosocial. No obstante, desde la perspectiva de una tradición budista de hace 2.500 años (y de ciertas prácticas de otras tradiciones espirituales), en realidad la investigación no nos dice nada que no sepamos ya. El mindfulness ha funcionado durante los últimos 2.500 años y seguirá haciéndolo durante los próximos 2.500 años. Cualquiera que adopte verdaderamente el mindfulness, y lo practique de la manera correcta, obtendrá beneficios tangibles para su bienestar físico, psicológico y (lo que es más importante) espiritual.

Como señalamos al principio de este libro, el propósito que subyace a la descripción del camino del guerrero atento es ir más allá de la exageración y superficialidad que se ha creado en torno al mindfulness, para volver a la esencia espiritual de este importante aspecto de la práctica budista. El mindfulness es un método sumamente eficaz y oportuno para avanzar en el camino espiritual. Desde el punto de vista del desarrollo espiritual, creemos que un solo minuto dedicado a ser plenamente consciente del momento presente es más potente que una década entera consagrada al estudio de las escrituras budistas (u otras escrituras espirituales). El camino del guerrero atento es un sendero pleno y genuino, que puede conducir a un completo despertar espiritual, incluso en el espacio de una sola vida.

Sin embargo, es un camino para unos cuantos y no para la mayoría. La razón por la que afirmamos que es un camino para unos pocos no tiene nada que ver con que sea en exceso difícil. Por el contrario, con esta afirmación tratamos de subrayar el hecho de que, según parece, cada vez menos individuos tienen, en la sociedad actual, la motivación y el valor suficientes para liberarse de sus telenovelas personales. Aunque seguir el camino del guerrero atento no es algo especialmente complicado de llevar a cabo, exige una convicción absoluta en nuestras propias decisiones, así como la voluntad de vivir nuestra vida como una práctica espiritual.

La gente tiende a pensar que seguir un camino espiritual supone prescindir o rechazar las experiencias placenteras. Sin embargo, tal presunción no podría estar más lejos de la realidad. Cuando una persona se dedica sinceramente a la práctica espiritual, su vida se torna más plena y completa. El guerrero atento no necesita contenerse, ni reprimir el deseo natural de saborear el mundo y disfrutar de todo lo que este tenga que ofrecernos. Con independencia de si es una experiencia placentera o desagradable, el guerrero atento simplemente aprende a no apegarse a los diferentes objetos, personas y situaciones con los que se encuentra. Permanecer desapegado de las experiencias internas y externas es, de hecho, la única manera de disfrutar al máximo de la vida. El apego conduce al sufrimiento y, poco a poco, nos arrastra de nuevo al territorio de las telenovelas. Podemos deleitarnos en el momento presente, danzar y jugar con él, pero, si tratamos de sujetarlo y poseerlo, no solo se nos escurrirá entre los dedos, sino que nos los quemaremos en el intento.

El camino del guerrero atento tiene que ver con sumergirse plenamente en el presente sin aferrarse a él. El guerrero atento experimentado ha perfeccionado el arte de soltar. E incluido en la gama de experiencias, objetos y conceptos que debe tratar de soltar, se halla el propio camino del guerrero atento, quien recorre este camino con absoluta atención, infatigable coraje y alegre perseverancia. Sin embargo, no se apega a la noción de que esté siguiendo un camino y ni siquiera de que sea un guerrero atento.

Quisiéramos concluir este capítulo, y también el libro, con una composición contemplativa que escribimos, titulada «¿Sabes quién soy?».[24] En nuestra opinión, este texto hace referencia y sintetiza las diversas facetas del guerrero atento expuestas a lo largo de este libro.

No me interesa saber dónde has estado o qué has hecho.
No me importa quién eres, pero me importa profundamente
*   cómo eres.*
Si eres feliz —realmente feliz–, entonces yo también lo soy.
¿Sabes quién soy?

Puedes ser rico o pobre, joven o viejo, educado o sin educa-
*   ción, hombre o mujer.*
Puedes tener éxito o no, ser de alto o bajo estatus, ser pecador
*   o santo.*
Todas estas cosas son irrelevantes para mí.
¿Sabes quién soy?

No me importa a qué religión perteneces.
Tampoco me importa que carezcas de religión.
Lo que represento trasciende las creencias, rituales y nocio-
*   nes de cualquier religión.*
¿Sabes quién soy?

Si tengo un objetivo, es el de ayudarte a que te ayudes a ti mismo.
En este sentido, prefiero ser amable y bondadoso contigo.
Pero también puedo ser increíblemente firme e imperturbable,
si eso te beneficia.
¿Sabes quién soy?

Soy flexible y puedo ser quienquiera que necesites para que te
ayude.
Pero tú debes esforzarte siempre por ser quien soy, yo no pue-
do ser quien eres.
Este es un asunto sobre el que me muestro inflexible.
¿Sabes quién soy?

Me siento feliz cuando percibo bondad en los demás.
Me siento triste cuando veo crueldad en ellos.
Sin embargo, no estoy apegado a ninguno de mis sentimientos.
¿Sabes quién soy?

Para mí, elogios y críticas son lo mismo.
Porque me conozco a mí mismo, no me importa lo que otros
digan o piensen de mí.
Mi felicidad es incondicional.
¿Sabes quién soy?

Los incrédulos y cobardes me ven como un charlatán.
Lo perciben todo a través del prisma de la ignorancia, el mie-
do y el egoísmo.

*Pero los puros de corazón se sienten atraídos por mí y se nu-
tren de mi presencia.*
¿Sabes quién soy?

*He caminado con reyes y mendigos, he vivido en la pobreza
    y el lujo,*
aunque estas cosas no me importan.
*Con independencia de cuáles sean mis circunstancias, siem-
    pre vivo con sencillez y estoy contento.*
¿Sabes quién soy?

*Algunas personas con mentes indisciplinadas pretenden ser yo
y solo les interesa que les vean hacer lo correcto para enga-
    ñar a sus seguidores.*
*En mi presencia, tales impostores se enojan, confunden y lle-
    nan de temor.*
¿Sabes quién soy?

*La mayoría de las personas solo empiezan a pensar en mí
    cuando se están muriendo.*
Pero, si esperan hasta entonces, es difícil que pueda ayudarles.
*Siempre he enseñado que el momento adecuado para cono-
    cerme es ahora.*
¿Sabes quién soy?

Hay quienes intentan conocerme mirando fuera de sí mismos.
Me etiquetan, me encasillan en conceptos y me adoran,

pero nunca podré ser conocido de esa manera.
¿Sabes quién soy?

Existo dentro de ti y dentro de todas las cosas.
Observa profundamente en tu interior y me verás allí.
Puedes ser yo si realmente lo quieres.
¿Sabes quién soy?

Para mí, vida y muerte son lo mismo.
Nunca nací de verdad y nunca moriré.
Si quieres, tú también puedes ser de ese modo.
¿Sabes quién soy?

En todo momento, me sostiene un manantial de profunda paz
    y alegría.
No estoy atado a nada, y mi mente se halla completamente li-
bre de obstrucciones.
Me elevo, libre y grácil, más allá de los límites del espacio y el
    tiempo.
¿Sabes quién soy?

Soy el guerrero atento que reside dentro de todos y cada uno de vosotros. Permanezco a la espera de que me despiertes y me dejes salir antes de que perezca en un mundo de complaciente banalidad. Si me ayudas, yo, a su vez, te ayudaré. Si buscas dentro de ti, no tardarás demasiado en encontrarme. Y, cuando me encuentres, me quedaré contigo para siempre, incluso más allá de la muerte. Una vez que me despiertes, un faro de luz se encenderá en tu interior. Tu presencia pura y compasiva brillará más resplandeciente que el sol y derramará su luz en los oscuros recovecos del corazón y la mente de todas las personas. La reverberación de tu despertar se extenderá por todo el universo y llegarás a ser conocido por muchos nombres. Ocuparás tu lugar legítimo en el trono del Dharma *de los antiguos guerreros atentos. Búscame dentro de ti ahora. Te estoy esperando.*

Notas

1. La cita que abre el libro pertenece al *Upāli Sutta* (*Majjhima Nikāya, sutta* 56; Ñanamoli y Bodhi, 2009, pág. 485). Véase en la bibliografía la referencia completa.
2. Todas las conclusiones de los estudios de investigación se recogen en la siguiente publicación: Shonin, E. y Van Gordon, W. «Managers' experiences of Meditation Awareness Training», *Mindfulness*, 6, 2015, págs. 899-909.
3. Algunos ejemplos de los estudios a los que hacemos referencia son los siguientes: Singh, N.N., Lancioni, G.E., Winton, A.S.W., Karazsia, B.T. y Singh, J. «Mindfulness-Based Positive Behavior Support (MBPBS) for mothers of adolescents with autism spectrum disorders: Effects on adolescents' behavior and parental stress», *Mindfulness*, 5, 2014, págs. 646-657; y también Singh, N.N., Lancioni, G.E., Winton, A.S.., Karazsia, B.T. y Singh, J. «Mindfulness training for teachers changes the behavior of their preschool students», *Research in Human Development*, 10, 2013, págs. 211-233.
4. «Simplemente ser sin tener que ser nada» ha sido publicado en el blog de los autores *Meditation: Practice and Research* (www.edoshonin.com).
5. Véanse los siguientes artículos: Shonin, E., Van Gordon, W. y Griffiths, M.D. «Cognitive Behavioral Therapy (CBT) and Meditation Awareness Training (MAT) for the treatment of co-occurring schizophrenia with pathological gambling: A case study», *International Journal of Mental Health and Addiction*, 12, 2014, págs. 181-196; y Shonin, E., Van Gordon, W. y Griffiths, M.D. «The treatment of workaholism with Meditation Awareness Training: A Case Study», *Explore: The Journal of Science and Healing*, 10, 2014, págs. 193-195.

6. «El vástago de la primavera» es un poema publicado cuya referencia completa es la siguiente: Shonin, E. *The Offspring of Spring*; en *Candlelit Thoughts–Collection of Poetry*. Peterborough: Forward Poetry, 2014.

7. Para una explicación más detallada de esta definición y de cómo difiere de otras definiciones del mindfulness, véase el siguiente artículo: Van Gordon, W., Shonin, E. y Griffiths, M. «Towards a second-generation of mindfulness-based interventions», *Australia and New Zealand Journal of Psychiatry*, *49*, 2015, págs. 591-591. Accesible en: http://anp.sagepub.com/content/49/7/591.full

8. El *Ānāpānasati Sutta* figura como el *sutta* 118 del *Majjhima Nikāya* (Ñanamoli y Bodhi, 2009). Véase la bibliografía para la referencia completa.

9. Extraído del *Dhammapada* (Buddharakkhita, 1986). Véase la bibliografía para la referencia completa.

10. Para una discusión más detallada de este tópico, véase la siguiente carta publicada en *The Psychologist*: Van Gordon, W. y Griffiths, M.D. «For the mindful teaching of mindfulness», *The Psychologist*, *28*, 2015, págs. 514-519. Accesible en: https://thepsychologist.bps.org.uk/volume-28/july-2015/mindful-teaching-mindfulness

11. «Una verdad cercana» ha sido publicado en el blog de los autores *Meditation: Practice and Research* (www.edoshonin.com).

12. Perteneciente al *Dhammapada* (Buddharakkhita, 1986). Véase la bibliografía para la referencia completa.

13. La entrevista ha sido publicada en *Mindfulness*, y la referencia completa es la siguiente: Shonin, E. y Van Gordon, W.. Thupten «Jingpa on compassion and mindfulness», *Mindfulness*, 2015. OI: 10.1007/s12671-015-0448-x.

14. La referencia completa de esta revisión sistemática es la siguiente: Shonin, E., Van Gordon, W., Compare, A., Zangeneh, M., y Griffiths, M.D. «Buddhist-derived loving-kindness and compassion meditation for the treatment of psychopathology: A systematic review», *Mindfulness*, *6*, 2015, págs. 1161-1180.

15. Hemos utilizado la versión de Buddharakkhita (1986) del *Dhammapada*. Véase la bibliografía.

16. Las conclusiones completas de la investigación se recogen en la siguiente publicación: Shonin, E., Van Gordon, W., Dunn, T., Singh, N. y Griffiths, M.D. «Meditation Awareness Training for work-related wellbeing and job performance: A randomized controlled trial», *International Journal of Mental Health and Addiction*, *12*, 2014, págs. 806-823.

17. Extraído del *Bhaddekaratta Sutta* (*sutta* 131 del *Majjhima Nikāya*).
18. «Una burbuja al viento» ha sido publicado en el blog de los autores *Meditation: Practice and Research* (www.edoshonin.com).
19. La versión original del diálogo entre profesor y estudiante, «¿Sueño o realidad?», fue publicada en *Philosophy Now*. La referencia bibliográfica es la siguiente: Shonin, E. y Van Gordon, W. «Dream or reality?» *Philosophy Now*, *103*, 2014, pág. 54.
20. La referencia bibliográfica de este estudio es la siguiente: O'Connell, A.D., Hofheinz, M., Ansmann, M., Bialczak, R.C., Lenander, M., Lucero, E..... y Cleland, A.N. «Quantum ground state and single-phonon control of a mechanical resonator», *Nature*, *464*, 2010, págs. 697-703.
21. «La mente única de Mahavairocana» ha sido publicado en el blog de los autores *Meditation: Practice and Research* (www.edoshonin.com).
22. La cita procede del *Sandaka Sutta* (*sutta* 76 del *Majjhima Nikāya*; Ñanamoli y Bodhi, 2009, pág. 624). Véase la bibliografía.
23. La cita procede del siguiente texto: Gampopa, *The Jewel Ornament of Liberation: The wish-fulfilling gem of the noble teachings*. (A.K. Trinlay Chodron, Ed., y K. Konchong Gyaltsen, Trad.) Nueva York: Snow Lion Publications, 1998, pág. 331.
24. «¿Sabes quién soy?» ha sido publicado en el blog de los autores *Meditation: Practice and Research* (www.edoshonin.com).

Bibliografía

Bodhi, B. *The Connected Discourses of the Buddha: A New Translation of the Samyutta Nikāya*. Massachusetts: Wisdom Publications, 2000.

Buddharakkhita. *Dhammapada: A Practical Guide to Right Living*. Bangalore: Maha Bodhi Society, 1986. [Versión castellana: *Dhammapada: La esencia de la sabiduría budista* (Traducción directa del pali por Carmen Dragonetti). Buenos Aires: Dharma Translation Organization, Fundación Bodhiyana, 2013].

Chah, A.. *The Collected Teachings of Ajahn Chah*. Northumberland: Aruna Publications, 2011.

Dalai Lama. *Stages of Meditation: Training the Mind for Wisdom*. Londres: Rider, 2001. [Versión castellana: *La meditación paso a paso*. Barcelona: Random House Mondadori, 2004].

Dalai Lama y Berzin, A. *The Gelug/Kagyu Tradition of Mahamudra*. Nueva York: Snow Lion Publications, 1997.

De Lisle, S.M., Dowling, N.A. y Allen, J.S. (2012). «Mindfulness and problem gambling: A review of the literature», *Journal of Gambling Studies*, *28*, págs. 719-739.

Digital Sanskrit Buddhist Canon. (2014). Accesible en: http://www.dsbcproject.org/

Dorjee, D. «Kinds and dimensions of mindfulness: Why it is important to distinguish them», *Mindfulness*, *1*, 2010, págs. 152-160.

Dudjom, K. *Wisdom Nectar. Dudjom Rinpoche's Heart Advice*. Nueva York: Snow Lion Publications, 2005.

Eberth, J. y Sedlmeier, P. «The effects of mindfulness meditation: A meta-analysis», *Mindfulness*, *3*, 2012, págs. 174-189.

Fjorback, L.O., Arendt, M., Ørnbøl, E., Fink, P. y Walach, H. «Mindfulness-based stress reduction and mindfulness-based cognitive therapy—a systematic review of randomized controlled trials», *Acta Psychiatrica Scandinavica*, *124*, 2011, págs. 102-119.

Galante, J., Galante, I., Bekkers, M. y Gallacher, J. «Effect of kindness-based meditation on health and well-being: A systematic review and meta-analysis», *Journal of Consulting and Clinical Psychology*, *82*, 2014, págs. 1101-1114.

Gampopa. *The Jewel Ornament of Liberation: The Wish-fulfilling Gem of the Noble Teachings*. Nueva York: Snow Lion Publications, 1998. [Versión castellana: *El precioso ornamento de la liberación*. Huesca: Ediciones Chabsel, 2009].

Gethin, R. «On some definitions of mindfulness», *Contemporary Buddhism*, *12*, 2011, págs. 263-279.

Henke, M. y Chur-Hansen, A. «The effectiveness of mindfulness-based programs on physical symptoms and psychological distress in patients with fibromyalgia: a systematic review», *International Journal of Wellbeing*, *4*, 2014, págs. 28-45.

Huang Po. *The Zen Teaching of Huang Po: On the Transmission of the Mind*. (Blofeld, J., Trad.) Nueva York: Grove Press, 1982. [Versión castellana: *Enseñanzas zen de Huang Po*. Ciudad de México: Editorial Diana, 1986].

Kabat-Zinn, J. *Wherever you go, there you are: Mindfulness Meditation in Everyday Life.* Nueva York: Hyperion, 1994. [Versión castellana: *Mindfulness en la vida cotidiana: Donde quiera que vayas, ahí estás.* Barcelona: Paidós Ibérica, 2009].

Khyentse, D. *The Heart of Compassion: The Thirty-seven Verses on the Practice of a Bodhisattva.* Londres: Shambala, 2007. [*La esencia de la compasión: comentario sobre las treinta y siete prácticas de los bodisatvas,* Novelda (Alicante): Ediciones Dharma, 2011].

Kuijpers, H., van der Heijden, F., Tuinier, S. y Verhoeven, W. «Meditation-induced psychosis», *Psychopathology, 40,* 2007, págs. 461-464.

Langhorst, J., Klose, P., Dobos, G.J., Bernardy, K y Häuser, W. «Efficacy and safety of meditative movement therapies in fibromyalgia syndrome: a systematic review and meta-analysis of randomized controlled trials», *Rheumatology International, 33,* 2013, págs. 193-207.

Lutz, A., Brefczynski-Lewis, J., Johnstone, T. y Davidson, R. «Regulation of the theme neural circuitry of emotion by compassion meditation: effects of the meditative expertise», *PLoS ONE, 3,* 2008, e1897. doi:10.1371/journal.pone.0001897.

Manocha, R., Black, D., Sarris, J. y Stough, C.A. «A randomised controlled trial of meditation for work stress, anxiety and depressed mood in full-time workers», *Evidence-Based Complementary and Alternative Medicine,* 2011. ID del artículo 960583, 8 págs. doi:10.1155/2011/960583.

Marlatt, A.G. «Buddhist philosophy and the treatment of addictive behaviours», *Cognitive and Behavioral Practice, 9,* 2002.

McWilliams, S. «Foundations of mindfulness and contemplation: Traditional and contemporary perspectives», *International Journal of Mental Health and Addiction, 12,* 2014, págs. 116-128.

Mental Health Foundation. *Mindfulness Report.* Londres: Author, 2010.

Milarepa. *The Hundred Thousand Songs of Milarepa: The Life-Story and Teaching of the Greatest Poet-Saint Ever to Appear in the History of Buddhism.* (G. Chang, Trad.) Boston: Shambala Publications, 1999. [Versión castellana: *Cantos de Milarepa: Vida y enseñanza del santo-poeta del Tíbet* (I y II). Ciudad de México: Editorial Yug, 2009/2013].

Monteiro, L.M., Musten, R.F. y Compson, J. «Traditional and contemporary mindfulness: Finding the middle path in the tangle of concerns», *Mindfulness,* 6, 2015, págs. 1-13.

Nagarjuna. *The Fundamental Wisdom of the Middle Way: Nāgārjuna's Mūlamadhyamakakārikā.* (J. L. Garfield, Trans.) Nueva York: Oxford University Press, 1995. [Versión castellana: *Versos sobre los fundamentos del camino medio* (Traducción directa del sánscrito de Abraham Vélez de Cea). Barcelona: Editorial Kairós, S.A., 2003].

Ñanamoli B. y Bodhi, B. *Majjhima Nikāya: The Middle Length Discourses of the Buddha* (4.ª ed.). Massachusetts: Wisdom Publications, 2009.

Ñanamoli, B. *The Path of Purification: Visuddhi Magga.* Kandy (Sri Lanka): Buddhist Publication Society, 1979.

Norbu, C. y Clemente, A. *The Supreme Source. The Fundamental Tantra of the Dzogchen Semde.* Nueva York: Snow Lion Publications, 1999. [Versión castellana: *Tantra de la fuente suprema: texto raíz de la tradición Dzogchen Semde del buddhismo tibetano*, Barcelona: Editorial Kairós, S.A., 2008].

Nyanaponika Thera. *The Heart of Buddhist Meditation.* Londres: Rider, 1983. [Edición castellana: *El camino de la meditación: el corazón de la meditación budista.* Madrid: Ediciones Librería Argentina (ELA), 2005].

O'Connell, A.D., Hofheinz, M., Ansmann, M., Bialczak, R.C., Lenander, M., Lucero, E... y Cleland, A.N. (2010). «Quantum ground state and single-phonon control of a mechanical resonator», *Nature, 464,* págs. 697-703.

Ortiz de Gotari, A., Aronnson, K. y Griffiths, M.D. «Game Transfer Phenomena in video game playing: A qualitative interview study», *International Journal of Cyber Behavior, Psychology and Learning, 1,* 2012, págs. 15-33.

Perez-De-Albeniz, A. y Holmes, J. «Meditation: concepts, effects and uses in therapy», *International Journal of Psychotherapy, 5,* 2000, págs. 49-59.

Reat, N. *The Shalistamba Sutra.* Delhi: Motilal Banarsidass, 1993.

Reddy, S., Negi, L., Dodson-Lavelle, B., Ozawa-de Silva, B., Pace, T., Cole, S., Craighead, L. «Cognitive-based Compassion Training: A promising prevention strategy for at-risk adolescents», *Journal of Child and Family Studies, 22,* 2013, págs. 219-230.

Rhead, J.C. y May, G.G. «Meditation in a specialized correctional setting: A controlled study», *Corrective and Social Psychiatry and Journal of Behaviour Technology Methods and Therapy, 29,* 1983, págs.105-111.

Rhys Davids, T. *Buddhist Suttas.* Oxford: Clarendon Press, 1881.

Riley, B. «Experiential avoidance mediates the association between thought suppression and mindfulness with problem gambling», *Journal of Gambling Studies, 30,* 2014, págs. 163-171.

Robinson, B. «The workaholic family. *The American Journal of Family Therapy, 26,* 1998, págs. 65-75.

Rosch, E. «More than mindfulness: When you have a tiger by the tail, let it eat you», *Psychological Inquiry, 18,* 2007, págs. 258-264.

Rosenberg, M. *Conceiving the Self.* Nueva York: Basic Books, 1979.

Roth, B. y Stanley, T.W. «Mindfulness-based stress reduction and healthcare utilization in the inner city: Preliminary findings», *Alternative Therapies in Health and Medicine, 8,* 2002, págs. 60-66.

Rungreangkulkji, S., Wongtakee, W. y Thongyot, S. «Buddhist Group Therapy for diabetes patients with depressive symptoms», *Archives of Psychiatric Nursing, 25,* 2011, págs. 195-205.

Santideva. *A Guide to the Bodhisattva Way of Life.* (V.A. Wallace y A.B. Wallace, Trads.) Nueva York: Snow Lion Publications, 1997. [Versión castellana: *Bodhicaryavatara: Las treinta y siete prácticas del bodhisattva.* Huesca: Ediciones Chabsel, 2011].

Shonin, E. y Van Gordon, W. «Mindfulness of ignorance», *Mindfulness,* 2015, doi: 10.1007/s12671-015-0421-8.

Shonin, E., Van Gordon, W., Compare, A., Zangeneh, M. y Griffiths, M.D. «Buddhist-derived loving-kindness and compassion meditation for the treatment of psychopathology: A systematic review», *Mindfulness, 6,* 2015, págs.1161-1180.

Shonin, E. y Van Gordon, W. «Practical recommendations for teaching mindfulness effectively», *Mindfulness, 6,* 2015, págs. 952-955.

Shonin, E. y Van Gordon, W. «The lineage of mindfulness», *Mindfulness, 6,* 2015, págs. 141-145.

Shonin, E., Van Gordon, W. y Griffiths, M.D. «Do mindfulness-based therapies have a role in the treatment of psychosis?» *Aus-*

tralia and New Zealand Journal of Psychiatry, *48*, 2014, págs. 124-127.

Shonin, E. y Van Gordon, W. «Managers' experiences of Meditation Awareness Training», *Mindfulness*, *4*, 2015, págs. 899-909.

Shonin, E., Van Gordon W y Griffiths, M.D. «Mindfulness in psychology: A breath of fresh air?» *The Psychologist*, *28*, 2015, págs. 28-31.

Shonin, E., Van Gordon, W., Singh, N.N. y Griffiths, M.D. «Mindfulness of Emptiness and the Emptiness of Mindfulness», en E. Shonin, W. Van Gordon y N.N. Singh. *Buddhist Foundations of Mindfulness*, Nueva York: Springer, 2015, págs. 159-178.

Shonin, E., Van Gordon W. y Griffiths, M.D. «Practical tips for using mindfulness in general practice», *British Journal of General Practice*, *64*, 2014, págs. 368-369.

Shonin, E., Van Gordon, W., Dunn, T., Singh, N. y Griffiths, M.D. «Meditation Awareness Training for work-related wellbeing and job performance: A randomized controlled trial», *International Journal of Mental Health and Addiction*, *12*, 2014, págs. 806-823.

Shonin, E., Van Gordon, W. y Griffiths, M.D. «The treatment of workaholism with Meditation Awareness Training: A Case Study», *Explore: The Journal of Science and Healing*, *10*, 2014, págs. 193-195.

Shonin, E. y Van Gordon, W. «Using mindfulness and insight to transform loneliness», *Mindfulness*, *5*, 2014, págs. 771-773.

Shonin, E., Van Gordon W. y Griffiths, M.D. «The emerging role of Buddhism in clinical psychology: Toward effective integration», *Psychology of Religion and Spirituality*, *6*, 2014, págs. 123-137.

Shonin, E., Van Gordon W. y Griffiths M.D. «Meditation Awareness Training (MAT) for improved psychological wellbeing: A qualitative examination of participant experiences», *Journal of Religion and Health*, *53*, 2014, págs. 849-863.

Shonin, E. y Van Gordon, W. «Mindfulness of death», *Mindfulness, 5*, 2014, págs. 464-466.

Shonin, E., Van Gordon, W. y Griffiths, M.D. «Cognitive Behavioral Therapy (CBT) and Meditation Awareness Training (MAT) for the treatment of co-occurring schizophrenia with pathological gambling: A case study», *International Journal of Mental Health and Addiction*, *12*, 2014, págs. 181-196.

Shonin, E., Van Gordon W. y Griffiths, M.D. «Practical tips for teaching mindfulness to school-aged children», *Education and Health*, *32*, 2014, págs. 30-33.

Shonin, E., Van Gordon, W. y Griffiths, M.D. «Loving-kindness and compassion meditation in psychotherapy», *Thresholds: Quarterly Journal of the Association for Pastoral and Spiritual Care and Counselling (A Journal of the British Association for Counselling and Psychotherapy)*, número de primavera, 2014, págs. 9-12.

Shonin, E. y Van Gordon, W. «The consuming mind», *Mindfulness, 5*, 2013, págs. 345-347.

Shonin, E., Van Gordon, W. y Griffiths, M.D. «Mindfulness-based interventions: Towards mindful clinical integration», *Frontiers in Psychology*, *4*, 2013, pág. 194. doi:10.3389/fpsyg.2013.00194.

Shonin, E., Van Gordon W., Slade, K. y Griffiths, M.D. «Mindfulness and other Buddhist-derived interventions in correctional settings: A systematic review», *Aggression and Violent Behavior*, *18*, 2013, págs. 365-372.

Shonin, E., Van Gordon W. y Griffiths, M.D. «Buddhist philosophy for the treatment of problem gambling», *Journal of Behavioural Addictions*, *2*, 2013, págs. 63-71.

Shonin, E. y Van Gordon, W. «Searching for the present moment», *Mindfulness*, *5*, 2013, págs. 105-107.

Shonin, E., Van Gordon, W. y Griffiths, M.D. «Mindfulness-based therapy: A tool for Spiritual Growth?» *Thresholds: Quarterly Journal of the Association for Pastoral and Spiritual Care and Counselling (Journal of the British Association for Counselling and Psychotherapy)*, *número de verano*, 2013, págs. 14-18.

Singh, N.N., Lancioni, G.E., Winton, A.S., Singh, A.N., Adkins, A.D. y Singh, J. «Can adult offenders with intellectual disabilities use mindfulness-based procedures to control their deviant sexual arousal?» *Psychology, Crime and Law*, *17*, 2011, págs. 165-179.

Singh, N.N., Lancioni, G.E., Winton, A.S.W., Karazsia, B.T. y Singh, J. «Mindfulness-Based Positive Behavior Support (MBPBS) for mothers of adolescents with autism spectrum disorders: Effects on adolescents' behavior and parental stress», *Mindfulness*, *5*, 2014, págs. 646-657.

Singh, N.N., Lancioni, G.E., Winton, A.S.W., Karazsia, B.T. y Singh, J. «Mindfulness training for teachers changes the behavior of their preschool students», *Research in Human Development*, *10*, 2013, págs. 211-233.

Singh, N.N., Lancioni, G.E., Karazsia, B.T., Winton, A.S.W., Singh, J. y Wahler, R.G. «Shenpa and compassionate abiding: Mindfulness-based practices for anger and aggression by individuals with schizophrenia», *International Journal of Mental Health and Addiction*, *12*, 2014, págs. 138-152.

Suzuki, D. *Manual of Zen Buddhism*. Londres: Rider, 1983. [Versión castellana: *Manual de budismo zen*. Buenos Aires: Editorial Kier, 2007].

Toneatto, T., Vettese, L. y Nguyen, L. «The role of mindfulness in the cognitive-behavioural treatment of problem gambling», *Journal of Gambling Issues*, *19*, 2007, págs. 91-101.

Trungpa, C. *The Collected Works of Chogyam Trungpa: Volume Four*. Boston: Shambala, 2003.

Tsong-Kha-pa. *The Great Treatise on the Stages of the Path to Enlightenment* (Vol. 1) (J.W. Cutler, G. Newland, Eds. y The Lamrim Chenmo Translation Committee, trads.) Nueva York: Snow Lion Publications, 2004. [Versión castellana: *El gran tratado de los estadios en el camino a la iluminación*. Novelda (Alicante): Ediciones Dharma, S.L., 2001].

Van Gordon, W., Shonin, E. y Griffiths, M.D. «Mindfulness-based interventions: A critical reflection», *Journal of Psychology, Neuropsychiatric disorders and Brain Stimulation*, *1(1)*, 2015, pág. 102.

Van Gordon, W. y Griffiths, M.D. «For the mindful teaching of mindfulness», *The Psychologist*, *28*, 2015, págs. 514-519. Accesible en: https://thepsychologist.bps.org.uk/volume-28/july-2015/mindful-teaching-mindfulness.

Van Gordon, W., Shonin, E., Griffiths, M.D. y Singh, N.N. *Mindfulness and the Four Noble Truths*. En Shonin, E., Van Gordon W. y Singh, N.N. (eds). *Buddhist Foundations of Mindfulness*. Nueva York: Springer, 2015, págs. 9-27.

Van Gordon, W., Shonin, E., Griffiths, M.D. y Singh, N.N. «There is only one mindfulness: Why science and Buddhism need to work together», *Mindfulness*, *6*, 2015, págs. 49-56.

Van Gordon, W., Shonin, E. y Griffiths, M. «Towards a second-generation of mindfulness-based interventions», *Australia and New Zealand Journal of Psychiatry*, *49*, 2015, págs. 591-591.

Van Gordon, W., Shonin, E., Zangeneh, M. y Griffiths, M.D. «Work-related mental health and job performance: Can mindfulness help?» *International Journal of Mental Health and Addiction*, *12*, 2014, págs. 129-137.

Van Gordon, W., Shonin, E., Sumich, A., Sundin, E. y Griffiths, M.D. «Meditation Awareness Training (MAT) for psychological well-being in a sub-clinical sample of university students: A controlled pilot study», *Mindfulness*, *5*, 2013, págs. 381-391.

Walshe, M. (Trans.) (1995). *The Long Discourses of the Buddha: A Translation of the Digha Nikāya. Boston: Wisdom Publications*. [Versión castellana: *Diálogos mayores de Buda* (traducción del pali por Carmen Dragonetti y Fernando Tola). Buenos Aires: Dharma Translation Organization, Fundación Bodhiyana, 2017].

Warneke, E., Quinn, S., Ogden, K., Towle, N. y Nelson, M. «A randomized controlled trial of the effects of mindfulness practice on medical student stress levels», *Medical Education*, *45*, 2011, págs. 381-388.

Waters, A.J., Raetzel, A.R., Cinciripini, P., Li, Y., Marcus, M.T., Vidrine, J.I. y Wetter, D.W. «Associations between mindfulness and implicit cognition and self-reported affect», *Substance Abuse*, *30*, 2009, págs. 328-337.

Acerca de los autores

William Van Gordon imparte conferencias y dirige investigaciones en psicología en la Universidad de Derby. Ha sido monje budista durante diez años y ha recibido ordenaciones monásticas en distintas escuelas budistas, incluyendo la ordenación mayor en la tradición budista Theravada. William forma parte del consejo editorial de distintas revistas académicas como *Mindfulness* y *Mindfulness and Compassion*. Es reconocido internacionalmente como experto en la investigación y práctica del mindfulness y la meditación budista. William cuenta con más de cien publicaciones académicas, entre las que cabe mencionar revistas médicas y psicológicas tan prestigiosas como el *British Medical Journal*, *British Journal of General Practice*, *British Journal of Health Psychology*, *Frontiers in Psychology*, *Australian and New Zealand Journal of Psychiatry*, *Psychology of Religion and Spirituality*, *Mindfulness*, *Explore*, *Aggression and Violent Behaviour*, y *Journal of Behavioural Addictions*. Es coeditor de dos volúmenes académicos publicados por Springer Publications: *Mindfulness and Buddhist-derived Approaches in Mental Health and Addic-*

tion, y *The Buddhist Foundations of Mindfulness*. Antes de convertirse en psicólogo y monje budista, William ocupó puestos de gestión para empresas como Marconi Plc, PepsiCo International y Aldi Stores Ltd. En este último puesto, fue responsable de una cartera de inversiones, con un valor de 32 millones de euros, de seis supermercados con más de 60 empleados. Viaja regularmente por todo el mundo impartiendo conferencias, talleres y retiros sobre el mindfulness y la práctica budista.

Edo Shonin es psicólogo colegiado y monje budista desde hace 30 años. Es director de investigación y práctica clínica en el Awake to Wisdom Centre for Meditation and Mindfulness Research, con sede en Italia. De acuerdo con su opinión de que existe una práctica central y unos principios teóricos compartidos por todas las auténticas tradiciones budistas, recibió la ordenación monástica en diferentes escuelas, incluyendo la ordenación mayor en la tradición Theravada. Es miembro del consejo editorial de diferentes revistas académicas, como *Mindfulness*, *Mindfulness and Compassion* y el *International Journal of Mental Health and Addiction*. Edo es reconocido internacionalmente como una de las principales autoridades en la investigación y práctica de la meditación. Tiene más de cien publicaciones académicas relacionadas con el mindfulness y la meditación budista, incluyendo algunas de las revistas médicas y psicológicas más importantes del mundo. Edo es coeditor de dos volúmenes académicos publicados por Springer Publications: *Mindfulness and Buddhist derived Approaches in Mental Health and Addiction* y *The Buddhist Foundations of Mindfulness*. Recibe regularmente invitaciones en todo el mundo para impartir charlas, conferencias, retiros y talleres en diferentes entornos académicos y no académicos. También dirige el blog *Meditation Practice and Research*, en www.edoshonin.com.

Javier García Campayo es psiquiatra y psicoterapeuta. Se formó en el Hospital Clínico de Zaragoza (España), en la Universidad de Manchester (Reino Unido) y en la Universidad McGill de Montreal (Canadá). En la actualidad, supervisa la formación de MIRes de Psiquiatría, es profesor titular de Psiquiatría de la Universidad de Zaragoza. Ha sido presidente de la Sociedad Española de Medicina Psicosomática y Coordinador Nacional de investigación en salud mental de la Red de Investigación en Actividades Preventivas y Promoción de la Salud (REDIAPP). Es profesor visitante en diferentes universidades españolas (UNED, Alcalá de Henares, País Vasco) y extranjeras (Rochester, en Estados Unidos, y Sao Paulo, en Brasil). Ha escrito más de doscientos artículos científicos, varios libros y capítulos en libros, y participa en las principales conferencias científicas españolas e internacionales sobre salud mental y psicoterapia. Es editor de la revista *Mindfulness and Compassion*. Coordina el Máster de Mindfulness en la Universidad de Zaragoza, el primero sobre este tema en España. Es autor de libros como *Mindfulness y ciencia, La ciencia* *de la compasión* y *Mindfulness y educación*, todos en Alianza Editorial, o *Manual de Mindfulness* y *Mindfulness y compasión* en Editorial Siglantana.

Enlaces web

Wikipedia: https://es.wikipedia.org/wiki/Javier_Garc%C3% ADa_Campayo

Página web Master de Mindfulness: http://www.masteren mindfulness.com

Agradecimientos

Deseamos expresar nuestro agradecimiento a las distintas personas y circunstancias que han hecho posible la redacción y publicación de este libro. En primer lugar, queremos dar gracias por las numerosas situaciones, tanto favorables como adversas, que hemos afrontado a lo largo de nuestra vida. Estas situaciones han sido nuestros maestros y nos han permitido crecer en paciencia, humildad y consciencia espiritual. También nos gustaría agradecer a los maestros budistas y no budistas que nos han ofrecido, y continúan ofreciendo, su apoyo y enseñanzas. Asimismo, nos gustaría agradecer a nuestros estudiantes, amigos y familiares su paciencia y comprensión durante el tiempo que hemos dedicado a la escritura de este libro, así como por sus útiles comentarios a muchos de sus capítulos.

Nos gustaría dar las gracias en concreto a Jacqi Sein por su ayuda en la corrección de las pruebas y la edición del libro (cualquier error que pueda quedar en él es solo responsabilidad nuestra). También nos gustaría dar las gracias por los mensajes publicados en nuestro blog de meditación (accesible en www.edoshonin.com). Algunos de los contenidos de estos comentarios nos proporcionaron ideas útiles y «elementos de reflexión» que con el tiempo cristalizaron en argumentos, temas y contenidos de capítulos plenamente articulados. Además, no queremos dejar de mencionar que la inspiración para varias secciones del capítulo 9 procede de un artículo escrito previamente para la revista *Mindfulness*, que se ha visto sustancialmente adaptado y ampliado en el libro actual.

editorial K airós

Puede recibir información sobre nuestros
libros y colecciones o hacer comentarios
acerca de nuestras temáticas en:

www.editorialkairos.com

Numancia, 117-121 • 08029 Barcelona • España
tel +34 934 949 490 • info@editorialkairos.com